PERU

travel
time

EDITOR
Javier RODRÍGUEZ

COORDINACIÓN EDITORIAL
Ana BLANCA

AUTORA
Eva CARRASCO

MAQUETACIÓN
Silvia MULET

FOTOGRAFÍAS
Embajada de Perú en España
"Promperú"

IMPRESIÓN
Fernández Ciudad, S.L.

ISBN:
84-933635-7-X

DEPÓSITO LEGAL:
M. 7.187-2005

© de esta edición, 2005
J.C. y A.
Laurel, 23. 28005 Madrid
jcya@agenttravel.es

nidos

Iquitos

Chiclayo

Cajamarca

Trujillo

Huaraz

Lima

Ayacucho

Ciudadela
de Machu Picchu

Puerto
Maldonado

Ica

Cuzco

Puno

LAGO TITICACA

Arequipa

MAPA DE PERÚ

POBLACIÓN

Supera los 27 millones de habitantes de los cuales aproximadamente ocho millones residen en el departamento de Lima.

CLIMA

Tropical en su parte oriental y desértico en la occidental. Las temperaturas más bajas se registran entre junio y septiembre, y las más altas entre diciembre y abril. La estación de lluvias en selva y montañas se corresponde con este último periodo.

UN PAÍS, TRES REGIONES

Al estar ubicado en la parte central y occidental de América del Sur, Perú ha sido el punto de encuentro para diversas culturas. Limita con el océano Pacífico por el oeste, Chile al sur, Bolivia y Brasil al este, y Colombia y Ecuador al norte. Con una superficie de más de 1,28 millones de km², Perú es un país con tres regiones naturales: costa tropical, sierra alta y selva amazónica. La cordillera de los Andes separa una estrecha franja costera, de 70 a 200 km de ancho, de la selva tropical del Amazonas.

BIODIVERSIDAD

Perú forma parte de la selecta lista de países con mayor biodiversidad a nivel mundial. Posee 84 de las 104 formas de vida existentes en el planeta. Asimismo, registra cerca del 10% de especies de mamíferos y reptiles del mundo; más del 20% de las aves de la Tierra y entre 40.000 y 50.000 especies de plantas vasculares, las más evolucionadas, de las que sólo se ha descrito la mitad. El 14,64% de la superficie de Perú se encuentra protegida a través de 52 áreas naturales, lo que equivale a más de 18.000.000 de ha. Un prestigioso ecologista británico, al preguntarle qué país escogería si sólo pudiera salvar uno contestó "si podemos salvar a Perú, podríamos virtualmente rehabilitar al mundo a partir de ese país".

GOBIERNO

Perú es una república constitucional dividida en 24 departamentos y una provincia constitucional. La jefatura de estado y de gobierno corresponde al presidente, cargo que ocupa Alejandro Toledo desde 2001. Existe una cámara legislativa, el congreso, cuyos miembros son elegidos para periodos de cinco años.

HISTORIA DE PERÚ

1500 a.C-1200 d.C.	1200	1493
Se suceden diversas culturas: Chavín, Mochica, Chachapoyas, Nazca, Chimú…	Inicio de la cultura Inca.	Muere Tupac Yupanqu tras ensanchar las fronteras del imperio.

Perú posee un impresionante legado histórico y arqueológico en práctica mente todo el territorio nacional. E imperio incaico (1300-1500 d.C. con Cuzco y la ciudadela de Mach Picchu es, de hecho, la civilizació más conocida. Pero Perú es tambié cuna de las más antiguas civilizacio nes de Sudamérica, las cuales alcan zaron sorprendentes niveles de de arrollo y riqueza.

CULTURAS PREHISPÁNICAS

La cultura Chavín (1500-400 a.C.), la más antigua de América, desarrolló un arte religioso simbólico y una avanzada arquitectura en piedra. Esta cultura estaba estructurada mediante una sociedad estratificada y de ella nos han quedado sus trabajos en oro y plata.

La cultura Mochica (200 a.C.-700 d.C.) a la que pertenece el Señor de Sipán, nos ha dejado trabajos iconográficos. De esta cultura destaca la agricultura a base de canales de riego y la construcción de pirámides.

La cultura Paracas es famosa por sus textiles y sus conocimientos de cirugía.

La cultura Chachapoyas destaca por sus impresionantes sarcófagos ubicados en empinadas montañas.

La cultura Nazca se desarrolló en los desiertos del sur de Perú y destacó por sus trabajos en cerámica y por el diseño de las Líneas de Nazca. La cultura Chimú, con capital en Chan Chan, en los alrededores de Trujillo, es un gran exponente de la arquitectura precolombina.

1572	1767	1821
Tupac Amaru es ejecutado en Cuzco.	Expulsión de los jesuitas.	San Martín proclama la independencia de Perú.

1531	1532	1535
Francisco Pizarro llega a Tumbes al frente de la expedición española.	*Los españoles capturan a Atahualpa, que muere asesinado en 1933.*	*Pizarro funda Lima.*

EL ESPLENDOR INCA

Aunque la evolución de la civilización peruana se remonta al año 4.000 a.C., para muchos la historia del país se inicia en el siglo XI d.C., cuando los incas bajaron a las regiones costeras y subyugaron al poderoso reino Chimú. Desde su base en Cuzco, el inca Túpac Yupanqui logró expandir el imperio del Tawantinsuyo hasta controlar un territorio de aproximadamente 2.000.000 km^2. Con esta increíble hazaña militar, comparable a las grandes conquistas de Alejandro Magno, extendió su imperio desde Pasto, Colombia, hasta Tucumán y el río Maule en Argentina y Chile. La división del imperio entre los hijos del inca Huayna Cápac, Huáscar y Atahualpa, desencadenó una guerra civil que destruyó el principio rector del Tawantinsuyo.

LA CONQUISTA ESPAÑOLA

En 1532, cuando los españoles, con Francisco Pizarro al mando, y los incas se encontraron en la ciudad de Cajamarca, en la sierra norte de Perú, el imperio estaba debilitado desde sus bases. Después de una violenta y rápida batalla, Atahualpa fue capturado, y el reino de los divinos Hijos del Sol terminó. Cuzco fue ocupada y Pizarro fundó su capital –Lima, ciudad de los reyes– en la costa.

La importancia del territorio peruano en la historia de la América Española no declinó, a pesar de la caída del imperio del Tawantinsuyo. Lima se convirtió en el centro histórico de la administración y del comercio de las colonias españolas, dado que Perú era el virreinato más rico y valioso. Esta riqueza originó la frase ¡Vale un Perú!, expresión común para designar las cosas de gran valor.

1824	1879
Derrotas de los españoles en Junín y Ayacucho.	*Perú entra en guerra con Chile. En 1883 pierde Tarapacá.*

HISTORIA DE PERÚ

1941	1979
Perú invade el sur de Ecuador y amplía su territorio.	Se forma el Pacto Andino, con Colombia, Chile, Ecuador y Perú.

LOS LIBERTADORES

La América Española fue organizada originalmente sobre líneas feudales. El rey de España era el soberano, representado por sus virreyes. Sin embargo, algunos criollos (hijos de españoles nacidos en América) ocuparon cargos con autoridad.

Este sistema se mantuvo casi 300 años, hasta que a principios del siglo XIX se iniciaron los movimientos independentistas en América del Sur. Nuevamente, el control del territorio peruano se consideró estratégico para afianzar la independencia de las recientes naciones sudamericanas. Los dos grandes libertadores del continente, José de San Martín y Simón Bolívar, intervinieron en las luchas por la independencia de Perú, que fue proclamada por San Martín en 1821.

LA REPÚBLICA

La República fue establecida en Perú con un presidente y un parlamento elegidos por el pueblo. En 1879 Perú entró en guerra con Chile y perdió la provincia de Tarapacá. A pesar de que la historia política de Perú se ha desarrollado entre gobiernos civiles y militares, desde 1980 se ha mantenido el sistema de elección democrática.

1990	1992
Alberto Fujimori vence en las urnas a Mario Vargas Llosa.	Fujimori da un autogolpe al Congreso. Es reelegido en 1995.

FUJIMORI

Alberto Fujimori accedió al poder en 1990 tras derrotar en las urnas al escritor Mario Vargas Llosa, e inició un estricto programa de estabilización económica. Tras un autogolpe al Congreso en 1992, volvió reelegido en el 95. Ya en el año 2000 venció con un resultado muy ajustado a Alejandro Toledo en un proceso cuestionado internacionalmente. Ante las masivas manifestaciones y denuncias de soborno, Fujimori se vio obligado a renunciar a la presidencia y huyó a Japón.

EL MANDATO DE TOLEDO

Alejandro Toledo, esta vez sí, se impuso en las elecciones. Su rival fue el ex presidente Alan García. Sólo unas semanas después, el prófugo Vladimiro Montesinos, colaborador del ex presidente Fujimori, fue detenido en Venezuela. Se presentía el comienzo de una nueva época de prosperidad, pero el pueblo se sintió pronto defraudado por el nuevo presidente, que encontró más problemas de los esperados para llevar a cabo las reformas anunciadas.

SENDERO LUMINOSO

En 1980, cuando el país gozaba de estabilidad, comienzan los ataques guerrilleros de Sendero Luminoso, un grupo terrorista de inspiración maoísta. Al iniciarse la década de los 90, Perú estaba sufriendo la mayor crisis de su historia moderna. Bajo el mandato del presidente Fujimori se logró desarticular casi por completo a esta organización.

ARTE Y CULTURA

Dos grandes escritores

Sudamérica es cuna de grandes escritores, y dos de los más sobresalientes en el panorama actual proceden de Perú. Mario Vargas Llosa, eterno aspirante al Premio Nobel y miembro de la Real Academia Española de la Lengua, es el más conocido. Ganador del Premio Cervantes en 1994, su bibliografía está plagada de obras tan aclamadas como "Conversación en la Catedral" (1962), "La ciudad y los perros" (1963) o la más reciente "La fiesta del Chivo" (2000). Fue candidato a la presidencia del país en el año 1990, pero el elegido fue Alberto Fujimori.

Por su parte, Alfredo Bryce Echenique es el autor de "Un mundo para Julius" (1970) o "La vida exagerada de Martín Romaña" (1981).

Estilos importados

Tras el asentamiento de los españoles, los edificios religiosos fueron concebidos a imagen y semejanza de los que se levantaban en la metrópoli, con sus mismos estilos (barroco y renacentista, principalmente). Con los años, la arquitectura se mostró más permeable a las inquietudes locales y evolucionó al denominado estilo mestizo.

Como sucedió con la arquitectura, las primeras manifestaciones pictóricas en Perú se mostraban muy próximas al arte europeo.

El distanciamiento se produjo, y de una manera sorprendente, pues derivó en un inusitado interés por lo fantástico.

Paul Gauguin pasó su infancia en Lima, y aseguran que cuanto allí vio marcó profundamente el devenir de su obra.

LA MÚSICA DE LA COSTA

Se suele llamar música criolla a los ritmos mestizos llegados de la costa, con sus aportaciones propias (mayor ritmo y alegría, fundamentalmente), sus guitarras y la percusión de su cajón. El yaraví es un estilo dentro de este mundo, como la marinera, el tondero o la resbalosa.

EL TRABAJO DE LOS INCAS

Como las setas después de la lluvia, los huacos aparecen tras cualquier excavación en territorio inca. Son los recipientes de cerámica con los que esta civilización enterraba a sus muertos para que no les faltase sustento en el más allá. Además de la alfarería, los incas trabajaban la metalurgia y conocían el oro, la plata, el platino y el cobre.

COSTUMBRES Y TRADICIONES

LOS CABALLITOS DE TOTORA
Deben su nombre a la hierba que se emplea en su construcción, la totora; también se les conoce como "totoritas" o, en lengua mochica, "tupos". Para hallar el origen de estas embarcaciones hay que remontarse 3.000 años, a la época pre-incaica (aunque los incas también se sirvieron de ellas). Concebidas para la navegación y la pesca, hoy son utilizadas por muchos turistas que desean pescar al estilo artesanal o practicar algún deporte acuático.

LA DANZA MARINERA
Fue Abelardo Gamarra "El Tunante" quien bautizó como Marinera a la danza mestiza de reminiscencias y ancestros hispanos y negros y algo de la impronta indígena. Es el baile del cortejo, del enamoramiento, en el que el hombre insiste a pesar de los coquetos desplantes femeninos. Elegante y compleja, es una de esas raras danzas donde la mujer marca el ritmo y lleva a la pareja. Los instrumentos asociados a ella son la guitarra española, el cajón criollo y la quijada de burro africana.

PUNO, CAPITAL FOLKLÓRICA

El departamento de Puno, en la zona sureste de Perú, es una zona rica en restos arqueológicos y monumentos históricos, ya que a orillas del lago Titicaca confluyeron tres culturas: la Aymara, la Quechua y la Española. Esto dio origen a un mestizaje único que sobrevive en sus pobladores y se manifiesta en su arte y cultura, lo que le ha convertido en capital folklórica de Perú.

EL ARTE DEL TEJIDO

Ya en la época prehispánica, el vestido estaba considerado en Perú como un símbolo de distinción y poder. Como no faltaban materias primas, sus pobladores se encargaron de desarrollar técnicas (el anudado, el entrelazado...) para elevar los productos textiles a la categoría de arte. Sus tejidos están pintados con tintes de origen vegetal o animal y proufusamente adornados con bordados, plumas y pequeños objetos metálicos.

GASTRONOMÍA

COCINA CRIOLLA

La cocina peruana heredó de los incas la inclinación por las patatas y el maíz. Tras la llegada de los españoles, y de sus aportaciones culinarias, nació la comida criolla. Como la salsa Ocopa, por ejemplo. El plato más típico es el ceviche, aunque no conviene perder de vista otros sabores, como el del ají, la guindilla picante. Así, es plato típico el ají de gallina, como también lo son las almejas a las chacalas, las papas a la huracán o los distintos guisos con frijoles. La sopa criolla, además de fideos, lleva verduras, huevo y carne.

En la costa se recomienda probar el ceviche, la carapulcra y los tamales. En la sierra, olluquito con charki, cuy chactado y pachamanca. En la selva, pruebe la ensalada de palmitos (chonta) y los "juanes".

En cualquier caso, no está de más preguntar antes de pedir, ya que algunos platos suelen ser picantes o muy condimentados.

INFLUENCIAS

La gastronomía peruana es muy cosmopolita. Además de recibir nuevos ingredientes desde la metrópoli, ha encontrado inspiración en cocinas tan distintas como la francesa y la oriental. En vísperas del siglo XX comenzó a sentir fascinación por los sabores procedentes de China o Japón, especialmente por las especias, que fue incorporando con sumo gusto. La llegada de emigrantes japoneses en aquella época se encargó de consolidar la mezcla, y también de hacer más popular el consumo de pescado. Otra influencia notable es la africana, que se traduce en platos como el sango de ñajú, el bufo y la morusa.

LA TRADICIÓN NORTEÑA

Una tradición de la cocina norteña establece que a cada día de la semana le corresponde un plato distinto. Para comenzar la semana, el lunes, toca espesado (carne con maíz, entre otros ingredientes). Los martes, seco de chavelo; y los miércoles, cabrito; arroz con chancho los jueves y, para los viernes, aguadito (ave cocida). El sábado se sirve frito de cerdo y, el domingo, pescado y puré de patata.

BEBIDAS
Además del pisco sour, son típicas la chicha morada, la chicha de jora y el masato.

EL CEVICHE
Se trata de uno de los platos más tradicionales. El ceviche es pescado macerado en limón y ají (parecido a la guindilla) y cubierto de cebolla. Para su elaboración se emplean pescados y mariscos de todo tipo.

EL PISCO Y EL PISCO SOUR
El pisco es un aguardiente de uva en cuya especial calidad se conjugan el cultivo de la vid, la calidad de la tierra, el clima y los recipientes en los que reposa: grandes botijas cónicas de barro cocido y a medio enterrar. Su nombre en lengua quechua significa "pájaro" y alude a una antigua cultura costeña –los piscos–, dedicada a la producción de estos recipientes. Obtenido de la destilación de mostos calientes, producirlo es una tradición peruana desde poco después de introducida la vid, a mediados del siglo XVI. Con él se prepara el Pisco Sour, cóctel de patente peruana que ha alcanzado fama en los mejores bares del mundo. Su elaboración requiere clara de huevo, azúcar, pisco, jugo de limón, jarabe de goma, amargo de angostura, hielo picado y canela molida.

Machu Picchu

La fauna es abundante y variada. Existen especies en peligro de extinción como el oso de anteojos (Tremarctos Omatus), el gallito de las rocas (Rupícola peruviana) o el venado enano (Pudu mephistopheles). No en vano la zona ha sido declarada Unidad de Conservación. En este lugar también hay ejemplares de puma, zorro andino, nutria de río, taruka, gato montés, hurón y numerosas aves y reptiles.

La vegetación forestal está representada por especies madereras como el cedro, romerillo o intipa, laurel etc.

Las plantas ornamentales han hecho famoso el santuario.

El conjunto arqueológico de Machu Picchu forma parte del santuario histórico del mismo nombre. Se trata de una Unidad de Conservación creada por Decreto Supremo en enero de 1981. Su extensión es de aproximadamente 5 km². Al encontrarse en la zona subtropical, el clima es benigno, entre cálido y húmedo.

La temperatura media anual es de 13°C, aunque se diferencian dos estaciones, de noviembre a marzo (temporada de lluvias) y de abril a octubre (temporada seca). La mejor época para visitarlo es ésta última.

La conformación geográfica del suelo es sumamente accidentada, con numerosas quebradas y cursos de agua de origen glaciar,

tributarios del río Urubamba, que cruza la zona.

La presencia de la cadena de Vicabamba con cumbres de alturas superiores a los 6.000 m (como el Salkantay o el Huamantay, entre otras) y la combinación con selvas y valles crean imágenes de fantasía que constituyen un espectáculo cargado de misterio.

Las Líneas de Nazca

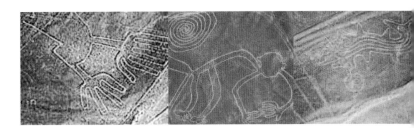

Los antiguos pobladores de la cultura Nazca nos han legado un valioso monumento arqueológico constituido por una enorme red de líneas y dibujos de animales y plantas que se encuentran entre los kilómetros 419 y 465 de la Panamericana Sur, cubriendo así un área de 350 km².

Fueron descubiertos en 1927 por Toribio Mejía Xesspe y estudiadas por Paul Kosov, Hans Horkheirmer y la doctora María Reiche. Ésta última ha residido en la zona durante más de 50 años estudiando e investigando su origen.

El sobrevuelo a las Líneas de Nazca es una experiencia inolvidable. Existe también un mirador de 12 m de altura, desde el que se puede apreciar las figuras de la mano y el árbol.

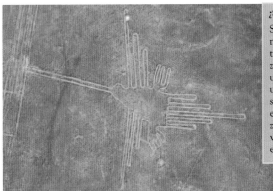

¿SABÍAS QUE...?

Se trata de un mosaico de gigantescas figuras estilizadas –un mono, un pez, una araña, un colibrí, e incluso figuras humanas, entre otros– y trazos geométricos, visibles sólo desde el aire.

Lago Titicaca

En la Reserva Nacional de Titicaca, cerca de Puno, se encuentran las famosas islas de totora de los indios Uros, que flotan en el lago, como las remotas islas de Taquile o Amantan. En total cuenta con 36 islas. Aisladas del mundo moderno, estas comunidades han mantenido vivas sus costumbres. Los taquileños producen elegantes tejidos que sólo venden en la misma isla, y ofrecen a los visitantes hospedaje en sus propias casas.

En la mitología inca, el hijo del Sol, Manco Capac, y la hija de la Luna, Mama Ocllo, emergieron de las profundas aguas del lago Titicaca para fundar su imperio. Con sus altas cumbres nevadas, la pasmosa altura de 3.800 m ofrece uno de los panoramas más sobrecogedores de los Andes. En las zonas donde su profundidad sobrepasa los 25 m, sus aguas son de color azul, y en las menos profundas tienen el color verde diáfano que le contagian las plantas acuáticas.

El lago, de 81 ha, está ubicado sobre el altiplano que se extiende a lo largo de cientos de kilómetros entre Bolivia y Perú, y donde aún predomina la cultura Aymara. En las pampas abundan los rebaños de llamas y alpacas, cuya lana utilizan las mujeres para tejer coloridas prendas que se venden en los mercados de Puno y Juliana. Los hombres aún emplean la totora que brota del lago para fabricar balsas. El folklore de la región es una de las expresiones más ricas del arte popular peruano.

Valle Sagrado de los Incas

El área comprendida entre los pueblos de Pisac y Ollantaytambo, al noroeste de Cuzco, ha sido denominada como "El Valle Sagrado de los Incas". Este valle está bañado por el río Vilcanota y desde épocas prehispánicas se convirtió en el lugar ideal para la fundación de los pueblos.

Fueron los incas quienes aprovecharon mejor la belleza de estas tierras al establecerse a lo largo de ambos márgenes del río. Se edificaron en piedra centros urbanos, palacios, fortalezas, templos, centros religiosos, santuarios y lugares de trascendencia ritual propios de la mística andina. Existió también un dominio agrícola del valle gracias a la armoniosa construcción de obras de ingeniería hidráulica y el buen uso de la tierra con el sistema de andenerías o terrazas para contrarrestar la erosión.

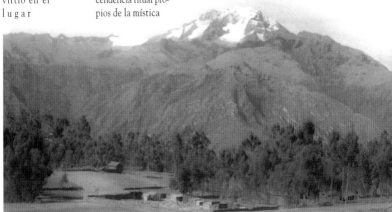

Lima, capital del estado

El departamento de Lima se encuentra ubicado
en la zona central occidental del país. Bañado
por las aguas del océano Pacífico en un
costado, y enmarcado por los Andes de la Sierra
por el otro, tiene una extensión de 33.820 km^2
y su población supera los ocho millones de
habitantes, casi un tercio del total del país. La
capital del departamento es la ciudad de Lima.
Patrimonio Cultural de la Humanidad, disfruta
de un clima suave y fresco durante todo el año
gracias a su proximidad al mar y a la
ausencia de lluvias.

Lima capital

Lima, ciudad de reyes y virreyes, fue fundada el 18 de enero de 1535, a orillas del río Rímac, por el conquistador Francisco Pizarro, que eligió este lugar por la ubicación estratégica de su puerto en el centro de la costa peruana y sudamericana. Anteriormente, el valle del río Rímac (vocablo indígena que significa "hablador") estuvo habitado por un pueblo de pescadores y recolectores gobernado por el cacique Tauli Chusco.

Durante el virreinato, entre los siglos XVI y XVII, se convirtió en la ciudad más importante de esta parte del continente, ya que era el centro de todas las actividades comerciales y culturales. En el siglo XVIII, a causa de la creación del virreinato del Río de La Plata, que absorbió el manejo de las grandes minas de Potosí en el Alto Perú (hoy Bolivia), Lima entró en periodo de decadencia que culminó en 1821, con la proclamación de la Independencia de la República por parte del general José de San Martín.

Durante la Belle Epoque (1915-1930), la ciudad ocupó nuevamente un lugar de vanguardia.

Plaza de Armas

Esta plaza ocupa el lugar en el que Francisco Pizarro fundó la ciudad. Rodeada originalmente por pequeñas tiendas y comercios, fue utilizada como plaza de toros y lugar de ejecución de los condenados por el Tribunal de la Santa Inquisición. En 1651 se colocó en el centro una pila de bronce realizada por Antonio de Rivas, que aún hoy se conserva. En 1821 se convirtió en el escenario en el que se declaró la Independencia. La plaza de armas está rodeada por el Palacio de Gobierno, antigua casa del Gobernador (al norte), la Catedral y el Palacio Arzobispal (al este) y la municipalidad de Lima, antiguo cabildo (al oeste).

Iglesias

¿SABÍAS QUE...?

Desde los años 40, con la intensificación de las migraciones del campo a la ciudad, Lima se ha ido convirtiendo en un crisol de culturas que, con sus siete millones de habitantes, alberga hoy al 25% de la población del país y casi dos tercios de su actividad económica.

Basílica Catedral de Lima

Situado en la Plaza de Armas el edificio -original de 1555- estuvo dedicado inicialmente a Nuestra Señora de la Asunción. El actual es producto de la reconstrucción realizada bajo la dirección del jesuita Juan Rehr tras el terremoto de 1746.

En su interior destaca la sillería del coro, talla del catalán Pedro Noguera; la capilla churrigueresca de la Inmaculada y las tallas de Martínez Montañés, que representan escenas de la vida de San Juan Bautista. El Cristo de marfil fue un regalo de Carlos V. Entrando a la derecha se encuentra la capilla con los restos del conquistador Francisco Pizarro. En la sacristía existe un museo de arte religioso que alberga ornamentos, pinturas, tallas y esculturas.

Iglesia y Convento de San Francisco

Declarado Patrimonio Cultural de la Humanidad, se trata de uno de los mejores conjuntos

Iglesia de la Merced

Construida en el siglo XVIII, esta edificación constituye una excelente muestra del esplendor de la arquitectura colonial española. Destaca por su monumental portada churrigueresca del siglo XVIII. El interior se compone de una nave principal y dos laterales más bajas, separadas por gruesas columnas -típicas de las iglesias de Lima, siempre expuestas a temblores.
Entre los altares destaca, por su talla, el de la Inmaculada Concepción. El altar mayor está dedicado a la Virgen de las Mercedes, patrona de las Armas de Perú, representada con la faja de Gran Mariscala del Ejército Peruano y un cetro de oro. La sacristía está decorada con azulejos de estilo arabesco del siglo XVIII. La Merced posee una de las mejores colecciones de lienzos y tallas coloniales de Lima.

arquitectónicos coloniales del siglo XVII. Lo componen la iglesia, el convento de San Francisco y las capillas de El Milagro y La Soledad.

El edificio actual de la iglesia fue inaugurado en 1672 y cuenta con una nave principal y dos naves laterales, cada una de ellas con siete altares y profusamente adornadas con estuco de estilo mudejar. En el convento destacan los claustros y patios, decorados con azulejos sevillanos, y la espectacular biblioteca. Es sede del Museo de Arte Religioso y de la sala Zurbarán. La basílica está construida sobre una red de galerías subterráneas o catacumbas que sirvieron como cementerio durante la colonia y que actualmente pueden ser visitadas por el público.

Iglesia de Santo Domingo

Esta iglesia fue construida en el terreno que Francisco Pizarro otorgó en 1535 a su compañero de aventuras, el dominico fray Vicente Valverde. Su construcción comenzó con la fundación de Lima y concluyó a finales del siglo XVI. Posee una hermosa sillería coral, tallada en cedro. Destaca igualmente la cúpula. En el altar lateral izquierdo se venera a la Virgen del Rosario, y en el lateral derecho a los santos peruanos Santa Rosa de Lima, San Martín de Porras y San Juan Masías. Bajo cada una de estas imágenes hay urnas de plata que contienen reliquias de los santos.

El convento, con espléndidos claustros, está adornado con azulejos sevillanos, y la sala capitular con tallas barrocas. En este lugar se fundó en 1551 la Universidad de San Marcos, la primera de Sudamérica.

Santuario de Santa Rosa

Fue construido en el lugar donde nació la santa limeña Isabel Flores de Oliva, Santa Rosa de Lima, en 1586. Guarda sus reliquias y el "doctorcito" o imagen del Niño Dios que ella veneró como asistente durante su atención a los enfermos. El patio o jardín alberga una pequeñísima ermita, que según la tradición fue construida en 1614 por la propia santa cuando contaba con 28 años de edad. En el mismo patio, se encuentra el pozo de Santa Rosa al que tiró la llave del candado con el que ató la cadena de hierro que ciñó su cintura. Es costumbre que los visitantes arrojen en él papeles con las peticiones escritas dirigidas a la santa.

Iglesia de San Pedro

Este templo barroco, construido por los jesuitas, fue inaugurado en 1638 con el nombre de San Pablo. En 1767, fecha en que se produjo la expulsión de los jesuitas, tomó el nombre de San Pedro. Sus naves laterales destacan por su arquería y altares en pan de oro y de estilo barroco churrigueresco. Son notables los altares de San Ignacio de Loyola y el de Santa Lucía. Contiene numerosas pinturas coloniales de gran valor. En el convento adyacente funcionó el colegio de San Pablo durante dos siglos (llegó a tener 600 alumnos y la biblioteca contenía 40.000 volúmenes en 1767). La botica del convento fue la más importante de Sudamérica.

Casonas

Palacio Torre Tagle

Actualmente es la sede del Ministerio de Relaciones Exteriores. Se trata de una mansión de principios del siglo XVIII caracterizada por la concurrencia en su arquitectura de los estilos sevillano, mudéjar y criollo. Presenta una portada en piedra y dos balcones tallados. En el interior cuenta con una bella capilla dorada.

Casa de Jarava o Escivel o Casa de Pilatos

Sede actual del Instituto Nacional de Cultura, es una de las más antiguas de Lima. Fue construida en el siglo XVI. La portada en piedra conserva los escudos de la familia Jarava y Esquivel, sus primeros propietarios.

Casa del Oidor

Es una de las casas más antiguas de Lima. Desde sus balcones los personajes de importancia observaban las corridas de toros que se celebraban desde comienzos de la colonia en la plaza de Armas. Destaca su sencillo balcón en forma de cajón.

Iglesia de las Nazarenas

Esta iglesia está construida sobre lo que fue el barrio de Pachacamilla en la época colonial, un lugar habitado por descendientes de esclavos negros traídos de Angola, quienes formaron una cofradía. Se dice que uno de ellos pintó la imagen de Cristo Crucificado sobre un muro que resistió al terremoto de 1655. Este hecho fue considerado un milagro y motivó la construcción del convento y, posteriormente, de la iglesia. Cada año en octubre, desde la época colonial, sale de este lugar la procesión del Señor de los Milagros, patrono de la ciudad, también llamado "Cristo Morado" o "Cristo de los temblores".

Casa de Osambela

Casa de finales del
siglo XVIII y
comienzos del XIX.
En ella se fusionan
varias etapas. Tiene
cinco balcones exte-
riores y un mirador
al centro, desde el
cual su dueño, el
comerciante Martín
de Osambela, obser-
vaba la entrada y
salida de las embar-
caciones al puerto
del Callao.
Actualmente es sede
permanente de
varias instituciones
culturales.

Casa de las Trece Monedas

Residencia de un sólo piso de mediados del siglo XVIII. Conserva elementos arquitectónicos originales.

Casa de la Riva

Casa colonial del siglo XVIII. En su fachada, de gran prestancia, sobresalen elegantes balcones y grandes ventanas adornadas con rejas. En su
interior un hermoso patio se ve rodeado de salones.

Casa de Aliaga

En la antigua calle Palacio se encuentra esta residencia particular fundada por Jerónimo de Aliaga y Ramírez, segoviano y compañero de
Francisco Pizarro. Está construida sobre el adoratorio al curaca Chusco
(autoridad principal del valle del Rímac). Dieciséis generaciones se
han sucedido ininterrumpidamente y
sus dueños actuales son descendientes
directos de Aliaga. Quedan algunos restos del edificio inicial, como la urna con
la tizona que la tradición afirma que perteneció al fundador de Aliaga. En el interior se conserva una capilla con una
linterna central cuyos muros estuvieron
recubiertos de planchas de plata que
desaparecieron en el saqueo de 1826.

Museos

Museo Nacional de Antropología
y Arqueología

Situado en la plaza Bolívar, este museo
presenta una importante colección de
cerámicas, de tejidos y orfebrería de las
antiguas culturas Chavín, Mochica,
Chimú, Tiahuanaco, Pucará, Paracas,
Nazca e Inca.

Museo Nacional de Historia

Ubicado en una antigua casa quinta del siglo XIX, fue residencia de los virreyes Pezuela y La Serna y de los libertadores San Martín y Bolívar. Exhibe una colección de objetos y documentos históricos y pinturas, especialmente de la época republicana, aunque también del virreinato e independencia.

Museo de la Nación

Inaugurado en 1990, presenta una didáctica exposición cronológicamente secuenciada sobre las diferentes culturas peruanas. Asimismo, exhibe una colección de atuendos y vestidos típicos. Contiene réplicas de lugares arqueológicos, grabados y dioramas.

Museo de Arte

El antiguo Palacio de la Exposición de 1869 reúne en su interior una rica colección que resume más de 3.000 años de historia, desde la cultura Chavín hasta nuestros días, con piezas de cerámica, textiles, orfebrería prehispánica, platería colonial y republicana. También alberga pinturas de la escuela cuzqueña, republicana y contemporánea.

Museo Arqueológico Rafael Larco Herrera

Interesante colección privada de cerámica, textilería y orfebrería especialmente de las culturas norteñas. Hay una sala con cerámica erótica y una bóveda con joyas de oro. La sala del tesoro conserva el único pectoral de oro completo de un jefe Chimú.

Museo del Congreso y antiguo Tribunal de la Inquisición

Ubicado en la plaza Bolívar, popularmente llamada plaza de la Inquisición, conserva todavía la sala del Despacho, de Audiencias o de los Juicios, con un bello artesonado del siglo XVIII. Se ven celdas con inscripciones hechas por los reos y reproducciones in situ de los castigos que fueron aplicados por el Tribunal del Santo Oficio. Parte de las mazmorras subterráneas han sido desescombradas y el turista actualmente las puede visitar.

Museo "Oro del Perú"

En su interior alberga la colección particular de Miguel Mújica Gallo. Se exponen piezas de oro de las culturas pre-inca, especialmente de las culturas Mochica, Chimú y Nazca. Se pueden encontrar collares, máscaras funerarias, vasos ceremoniales, cetros, narigueras, ídolos, etc. También alberga un interesante museo de Armas con piezas del siglo XVI.

Zonas arqueológicas

Huallamarca

Situado en Nicolás de Rivera, esquina con Salamanca y avenida del Rosario. Se trata de un adoratorio pre-inca de forma piramidal construido con adobitos que se asemejan en su forma a los granos de maíz. El museo exhibe artefactos encontrados en el lugar.

Juliana

Entre la avenida Arequipa y la avenida Angamos se encuentra este monumento en forma piramidal que, según parece, fue un centro ceremonial administrativo en las etapas más tempranas de la cultura de Lima.

Tradición Taurina

En el distrito Rímac se encuentra la plaza de Toros de Acho de 1768, uno de los primeros cosos de América y escenario de la famosa Feria Taurina del Señor de los Milagros.

Distritos turísticos

San Isidro

Es el distrito jardín de Lima, caracterizado por sus áreas verdes y exclusivos barrios residenciales. En este barrio se encuentran algunos de los más renombrados restaurantes, hoteles y espectáculos de la capital. Pese al avance de la modernidad, San Isidro conserva algo de aquella solemnidad de suburbio de lujo que lo caracterizó desde principios de siglo, de lo cual es fiel prueba la **zona del Olivar**, llamada así por los centenarios olivos que aún se conservan en sus parques.

El auge comercial ha llevado a San Isidro a convertirse en un importante centro de negocios, trasladando a sus modernos edificios mucha de la actividad comercial que se restringía al centro histórico de la capital. Una de las construcciones precolombinas que conserva, la **Huacha Huallamarca**, es escenario de ocasionales presentaciones artísticas.

¡SABÍAS QUE...?

En el distrito de la Punta, unos kilómetros mar adentro, está la isla San Lorenzo, de relativa importancia arqueológica, y el islote El Frontón, antigua cárcel para presos peligrosos.

Barranco

Hace unas décadas Barranco era el balneario de moda de la aristocracia limeña. Ahora es el principal barrio bohemio de la ciudad. En los últimos años ha vuelto a florecer. Sus parques y casonas de estilo republicano han sido embellecidos y los espectáculos musicales y culturales abundan en sus calles. De visita obligada para los enamorados es el viejo **Puente de los Suspiros** y su malecón de cara al circuito de playas de la **Costa Verde**. Adyacente a Barranco, al sur, se encuentra Chorrillos, famoso por balnearios como **La Herradura**, sus picanterías y restaurantes y su historia republicana, cuyo espíritu aún conserva un selecto grupo de grandes casonas.

El Callao y la Punta

Fundado en 1537 para servir como punto de embarque a los tesoros del antiguo Perú transportados a España, el Callao es el primer puerto del país. Allí se sitúa el **Real Felipe**, edificado en forma de pentágono en el siglo XVIII para repeler los ataques de los piratas y corsarios y que más tarde jugó un papel de importancia en las batallas por la independencia. El Callao termina en La Punta, una larga península que se interna en el Pacífico y sirve de escenario a la **Base Naval**, a varias playas de canto rodado, al viejo malecón y a zonas residenciales de las décadas de los cuarenta y cincuenta.

El Rímac y la plaza de Acho

También conocida como "el barrio de bajo el puente", esta zona es una de las más tradicionales de Lima y cuenta con antiguas calles de marcado estilo sevillano. Ubicado sobre el río Rímac, en la ribera opuesta al centro histórico, está conectado a la ciudad por puentes construidos en el periodo colonial. En aquella época la zona era conocida como "barrio de Indios de San Lázaro". Origen y bastión del criollismo, al-

Chorrillos

Chorrillos alberga el observatorio astronómico del Planetario, erigido sobre el histórico Morro Solar, escenario de importantes episodios de la guerra con Chile (1879-1883). En este lugar se puede disfrutar de una inigualable vista panorámica del litoral limeño, desde Chorrillos hasta la isla San Lorenzo en El Callao.

Miraflores

Miraflores es sin duda el distrito turístico y hotelero por excelencia de Lima. Cuenta con grandes zonas comerciales modernas, parques y áreas verdes de gran belleza. Asimismo, Miraflores es el barrio de los jardines, pero también de las playas más concurridas de la ciudad. Tiene una intensa actividad artística y cultural, así como numerosos teatros, cines y galerías de arte y un interesante templo pre-inca conocido como la Dacha Pucllana. Se trata de un barrio de cafés, pubs y restaurantes. Sus parques y jardines congregan cada domingo a miles de limeños atraídos por las exposiciones de pintura, eventos musicales y mercados de pulgas.

berga algunas de las peñas (locales de música y bailes criollos) y restaurantes típicos más conocidos de Lima. Posee rincones de gran belleza, como la **Alameda de los Descalzos**, el **paseo de Aguas**, la **Quinta Presa** y varias plazuelas e iglesias.

Barrios Altos y el barrio Chino

Se trata de una de las zonas más tradicionales de la Lima de antaño, refugio de compositores, intelectuales y bohemios que llevaron a su expresión máxima el criollismo. En ella es posible ver algunas de las más notables obras de arquitectura colonial y republicana limeña. Sus monumentos más representativos son la **quinta Heeren**, con su encantadora plaza; **la casa de las Trece Monedas**; la **iglesia de las Trinitarias** y el **molino de Santa Clara**. Colindante con el mercado Central, el barrio Chino ofrece salones de té, pastelerías y restaurantes, delicias de la cocina oriental afincadas en el Perú.

ALREDEDORES DE LA CAPITAL

Fortaleza de Paramonga

Ubicada en el kilómetro 209 de la Panamericana norte, esta fortaleza fue construida durante el imperio inca con material de barro (Chimú) sobre una elevación natural, aprovechando los accidentes geográficos del terreno.

Ruinas de Puruchuco

A diez minutos del centro de la ciudad, esta antigua casa preinca, que perteneció a un curaca, nos da una idea de cómo se vivía hace 2.000 años.

Marcahuasi

Se trata de un impresionante bosque de rocas erosionadas por el tiempo con formas humanas y de animales fácilmente identificables. Los es-

tudiosos de los misterios extraterrestres lo consideran un punto de encuentro con ovnis. Lo cierto es que se tienen noticias de esta zona desde la época de los cronistas, aunque sus restos arqueológicos están poco estudiados. Algunas de las rocas sobresalen hasta los 26 m de altura. Está ubicada a 4.000 m sobre el nivel del mar y es de difícil acceso.

Pachacámac

En el kilómetro 33 de la Panamericana sur, en el valle del río Lurín, se encuentra este Oráculo pre-inca construido en adobe.
En este lugar se rendía culto al dios del mismo nombre. El templo tiene varios niveles, pasadizos y laberintos y está rodeado de varios monumentos (templos, palacetes y casas). Tiene un moderno museo de sitio donde se exhiben piezas arqsueológicas halladas en la zona durante las excavaciones.
Muy próximas están las más bellas playas del sur y diversos balnearios al pie del mar, como Punta Negra, San Bartolo, Santa María, Pucusana, Bujama, Las Palmas, Cerro Azul, etc.

Cañete

En el kilómetro 147 se encuentra esta ciudad fundada en 1556 bajo la orden del virrey Marqués de Cañete. Se halla al pie de un rico valle que fue territorio de una agrupación pre-hispánica desde el siglo XII. Así lo atestiguan los restos arqueológicos de los alrededores. En la provincia del mismo nombre se puede disfrutar de hermosas playas, caletas de pescadores y zonas arqueológicas. A ella pertenece **Lunahuaná,** con impresionantes áreas naturales para practicar la pesca y la caza.

Balneario de Ancón

En el kilómetro 38 al norte de Lima se encuentra este balneario de verano en un pueblo de pescadores. Continuando se atraviesa el valle del río Chillón hacia el valle del río Chancay, zona donde se desarrolló la cultura Chancay (1000 a 1400 a.C.), tan conocida por sus tejidos.

Cuzco
y Machu Picchu

Francisco Pizarro fundó en 1534 sobre Cuzco una ciudad española. Esta localidad es por tanto un ejemplo de fusión cultural con la herencia de monumentos arquitectónicos y de obras de arte.

Ciudad de Cuzco

El departamento de Cuzco está situado en la región suroriental de Perú. Su capital es la ciudad de Cuzco, considerada Capital Arqueológica de América. Se encuentra en el valle del río Huatanay, en los Andes surorientales de Perú a 3.360 m de altura sobre el nivel del mar. En términos generales el clima es agradable, frío y seco. Es recomendable a la llegada a la ciudad dedicar el primer día a aclimatarse a la altura.

El legendario Valle del Huatanay estuvo poblado desde tiempos muy remotos hasta desarrollar la gran urbe prehispánica del Qosqo ("ombli-

go del mundo"), capital del estado andino del Tawantinsuyo, gran centro urbano, administrativo, religioso y militar. La ciudad fue dibujada en su apogeo con la forma de un enorme puma. Después, en la época colonial, se convierte en la capital económica y militar del Virreinato del Perú, por lo que se le dio el nombre de la "Muy Noble, Muy Leal Cabeza de los Reinos del Perú, Santiago del Cuzco".

Monumento al inca Pachakuteq

La identidad de la cultura, representada en el más noble guerrero, gobernante y estadista, se personifica en el gran inca Pachakuteq, forjador del imperio del Tawantinsuyo. Ha recibido el homenaje de su pueblo con la construcción del monumento más grande y espectacular de Latinoamérica. Con una altura de 34,5 m, de los que 11,5 m corresponden al bronce, se encuentra situado en el Óvalo de Pachakutep.

El Señor de los Temblores

El 9 de enero de 1825 ocurrió en Cuzco un hecho histórico fundamental para el pueblo de Perú. La plaza de Armas fue testigo de la Jura de la Independencia Real ante el Señor de los Temblores, por orden del primer prefecto de Perú, Agustín Gamarra. Al acto asistieron los más altos mandatarios del ejército patriota y el general Simón Bolívar. Ya en el siglo XX fue honrada con el título de Capital Arqueológica de Sudamérica y Patrimonio Cultural de la Humanidad.

Plaza de Armas

Llamada en quechua Huacaypata, que significa llanto o quejido. Este nombre se debe a las expresiones de reverencia y sumisión con las que se llevaban a cabo las ceremonias religiosas o militares en ese lugar. Cuenta la tradición que esta plaza fue trazada por el fundador, Manco Cápac, como centro simbólico del imperio.

Monumentos religiosos

Catedral

Se levantó originalmente en el antiguo templo Suntur Wasi (Casa de Dios), hoy iglesia del Triunfo. Posteriormente se ordenó su construcción sobre el palacio del Inca Wiracocha. El terremoto de 1650 no dañó la fábrica, pero por precaución se modificaron los planos de la fachada y campanarios y se suprimió el tercer cuerpo. El 14 de agosto de 1654 se inauguró la remodelación siendo obispo de Cuzco, Pedro de Ortega y Sotomayor, Corregidor de la ciudad José Idiaquez Isasi y rey de España Felipe IV. En 1669 tuvo lugar la consagración definitiva por el obispo Fray Bernardo Izaguirre.

Su estructura se conforma de una planta de cruz latina, con pasillos procesionales de los pasos perdidos, una sala capitular, tres naves, una sacristía, diez capillas laterales y comunicación con las iglesias del Triunfo, primera iglesia cristiana de Cuzco, y Jesús, María y José. La fachada del exterior y del interior son de estilo renacentista. Éste está decorado con tallas de madera de cedro y aliso. En el altar mayor, de estilo neoclásico, se guarda la custodia de oro macizo. Destacan las tallas de Martín Torres y Melchor Huamán, así como el coro, el púlpito y los labrados de madera en altares y mobiliario. Lo mismo sucede con algunas pinturas de importantes artistas y obras en plata repujada. Las pinturas más relevantes son el lienzo de *Nuestra*

Señora La Antigua o del Perdón, *La Cena de Marcos Zapata* y *El Cristo en la Cruz*, de pintores mestizos. Se observan obras en plata repujada, como la carroza procesional, las andas, frontales y otros ornamentos. Las capillas más importantes son las del Señor de los Temblores, Virgen de los Remedios, Virgen de Choqonchaka y la capilla de la Inmaculada Concepción o La Linda. En una de sus torres se encuentra María Angola, una campana de oro, plata y bronce de 1.200 kilos.

La Compañía de Jesús

Fue instaurada por los padres de la orden jesuita que llegaron a Cuzco en 1571. Pocos años más tarde, en 1576, comenzaron la construcción en el lugar denominado Amaru Cancha (Cerco de la Serpiente), antiguo Palacio del inca Huayna Cápac, de acuerdo a los planos del arquitecto Francisco Becerra.

El terremoto de 1650 afectó a su estructura. En 1661, se reinició la nueva edificación bajo la dirección del arquitecto jesuita Juan Bautista Egidiano. Tras quince años de obras se reabrió en 1668. El plano de la fachada y las torres fue realizado por el sacerdote jesuita Fructuoso Viera y el ejecutor de los planos fue el arquitecto Diego Martínez de Oviedo.

La planta, de cruz latina, posee una sola nave. El cruce-

ro remata en una cúpula de singular trabajo de estilo barroco en cuyo interior destaca la gran labor de labrado de las pechinas. Los retablos son de madera de cedro dorados con la hoja de oro. Existen
lienzos que representan la boda de Isabel Ñusta, princesa de Perú,
con Diego de Oñás de Loyola, sobrino de San Ignacio de Loyola.
Otro representa la unión de los Loyola y los Borja. Entre sus muros
hay pinturas de Marcos Zapata, Basilio Santa Cruz, Basilio Pacheco,
Cipriano Gutiérrez y Rivera, entre otros.

Las esculturas más relevantes se hallan en la sacristía y representan
a San Jerónimo y San Francisco.

A los lados del templo se levantan la capilla de Lourdes y el antiguo
oratorio de San Ignacio de Loyola.

Iglesia y convento de la Merced

Fray Sebastián de Trujillo y Castañeda fundó el convento e
iglesia en 1536, en el lugar denominado Llimpipata. El antiguo claustro e iglesia funcionaron hasta 1650, fecha en la que
quedó inhabitable por el terremoto. En 1675 se finalizó la reconstrucción, en cuya obra tuvieron especial participación
alarifes indígenas como Alonso Casay y Francisco Monya. Los
mejores benefactores fueron los Pizarro y los Almagro, entre
otros.

En la fachada destaca la torre de la iglesia, levantada con una
cantería excepcional de estilo barroco. La planta es de tres

naves con pilastrones y arcos forneros. El primer claustro cuenta con una exornación riquísima en tallas de madera de cedro y una bella sillería de coro de estilo plateresco.

Iglesia de Santo Domingo

La orden de Santo Domingo se fundó en la ciudad de Cuzco en 1534 y esté fue su primer convento. El templo y convento se edificaron sobre el conjunto religioso más importante del Tawantinsuyo: el Qorikancha o Templo del Sol, que en su día tenía recubiertos los muros con láminas de oro.

El templo se desplomó en 1537, y posteriormente se reedificó bajo la dirección de los arquitectos Juan de Albañil y Martín Gonzales de Lagos. El terremoto de 1650 afectó gravemente su edificación, y lo mismo sucedió con el seismo de 1950. Pero fue restaurado.

La iglesia de Santo Domingo tiene idéntica disposición y forma que la Merced y San Francisco. El edificio conserva caracteres de la arquitectura del siglo XVI. Debido a sus avatares, toda la evolución de la arquitectura cusqueña está simbolizada por este templo.

La torre pertenece a principios del siglo XVIII y es de estilo profusamente barroco, mientras que la portada es renacentista. Los dominicos guardan en el ábside de la iglesia una imagen de Santo Domingo de Guzmán, tallada en 1698 por el escultor indio Melchor Huamán, y pinturas que corresponden a Juan Espinoza y a Diego Quipe Tito.

La custodia de La Merced

La obra de orfebrería más destacada es la custodia de la Merced, decorada en oro y piedras preciosas, que se puede contemplar en el primer claustro. La sección superior de la custodia es de estilo barroco y fue realizada por el orfebre español Juan Olmos en 1720. La sección inferior, de estilo renacentista, fue trabajada por el orfebre cuzqueño Manuel de la Piedra en 1805. La obra completa pesa 22 kg, mide 1,3 metros y tiene incrustados 1.518 diamantes, 615 piedras, rubíes, topacios y esmeraldas, todo ello coronado por una gran perla en forma de sirena.

Parroquia de San Blas

Esta iglesia, situada en el barrio de los artesanos –uno de los más pinto-rescos–, alberga la más extraordinaria obra de carpintería artística de es-tilo churrigueresco español. El púlpito es la talla en cedro más impresio-nante que se conoce en Perú y fue elaborada por manos indígenas. El retablo del altar mayor es de estilo barroco y en su decoración predomi-na el dorado. Otro retablo merecedor de mención es el de la Virgen del Buen Suceso, ejecutado por el artista Mateo Tuyro Túpac. Esta misma virgen está también representada en un fresco en esa parroquia.

¿SABÍAS QUE...?

La parroquia de San Blas es la más anti-gua de Cuzco, cons-truida en 1563.

Iglesia y convento de San Francisco

Este conjunto fue fundado por los padres franciscanos en el año 1645, aunque su obra no finalizó hasta 1652. Dispone de dos fachadas y una torre única, todo en piedra.

En el interior del convento se conserva un monumental lien-zo (12 x 9 m) sobre la genealo-gía de la familia franciscana, re-alizado por Juan Espinoza de los Monteros. También se exponen obras pictóricas de Diego Qui-pe Tito, Basilio Santa Cruz, Antonio Sinchi Roca y Marcos Zapata, entre otros.

Iglesia y monasterio de Santa Catalina

Fue fundado en Cuzco por Lucía Padilla y Jerónimo de Pacheco, en 1605, en los solares del Alija Wasi o Casa de las Vírgenes del Sol. Su estilo se corresponde con las últimas etapas del renacimiento, con presencia de arquerías de estilo romano. La sala capitular dispone de pinturas murales y otras obras de arte como trabajos en orfebrería, textilería, esculturas, dorados, retablos barrocos etc.

Monumentos precolombinos

Qorikancha

En el denominado Qosqo Wanka (montón de piedras) se encuentra este lugar de morada y de carácter religioso de los Killki. Durante el periodo Quechua fue también consagrado como lugar de culto. Este conjunto, situado donde nace la ciudad inca de Qosqo (Kanchas-barrios), estaba dedicado a la cosmovisión religiosa del mundo andino, donde se ubicaban los templos dedicados a las diferentes deidades del Tawantinsuyo.

Iglesia y monasterio de Santa Clara

En la alameda de Santa Clara, en 1558, se construyó este conjunto bajo la batuta del arquitecto Fray Manuel Pablo, aunque intervinieron también alarifes y canteros mestizos e indios. Dispone de un formidable altar mayor construido por Pedro de Orquendo y un retablo con espejos venecianos, lo que le convierte en la única muestra en este estilo que se conserva en Cuzco.

Museo de Santa Catalitna

En su pequeño museo se conserva una magnífica colección de lienzos del pintor Juan Espinoza de los Monteros y un gigantesco cuadro de la Virgen de la Asunción y otro de la Glorificación de Santa Catalina, cuyo autor fue Lorenzo Sánchez.

Callejón Siete Culebras

Se trata de una calle estrecha con piedras talladas, adornadas de culebras.

Casas coloniales

Palacio Arzobispal (museo de Arte Religioso)

Situado en la calle Hatunrumiyoc, este palacio perteneció a distintas familias y personas de renombre. Entre sus moradores se encuentran el obispo Fray Vicente de Valverde y los marqueses de Rocafuerte. Actualmente es el museo de Arte Religioso. El edificio es una construcción colonial de estilo árabe, levantada sobre las bases de la Kancha de Inka Roca. Especial interés merecen la portada, la balconería,

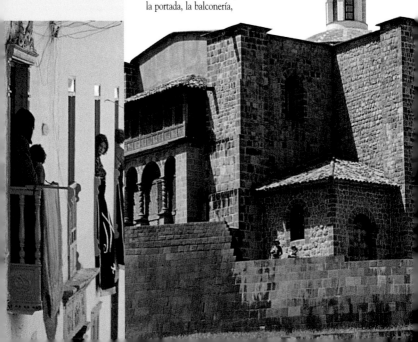

la capilla con el altar dorado en pan de oro, la utilización de mosaicos y el artesonado en el interior de sus recintos.

Palacio del Almirante (museo Arqueológico)

Fue construido como residencia de Francisco Maldonado Anaya y Altamirano, y posteriormente lo fue de Francisco de Alderete y Maldonado. Actualmente es sede del museo Arqueológico de la ciudad, donde se exponen gran variedad de restos arqueológicos encontrados en la zona de Cuzco, como cerámica, tejidos, orfebrería y momificaciones de la época de los incas.

Casa Cabrera

Esta casona ubicada en la plazoleta de las Nazarenas presenta elementos característicos de la arquitectura de la época. Lo más destacado es el escudo nobiliario en su fachada, el amplio patio, la arquería y los espaciosos salones.

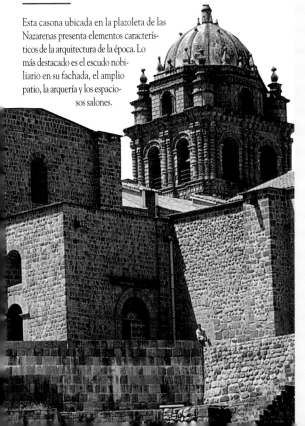

Casa del inca Garcilaso de la Vega (Museo Histórico Regional)

En la esquina entre las calles Heladeros y Garcilaso está la casa que perteneció al ilustre cronista Garcilaso de la Vega. Fue construida sobre un andén inca y supone un singular ejemplo de la arquitectura colonial. Actualmente este recinto está dedicado al Museo Histórico Regional y en él se pueden apreciar pinturas de la Escuela Virreinal Cuzqueña.

Casa de los Cuatro Bustos

Situada en el número 400 de la calle de San Agustín, esta hermosa casona de corte colonial está adornada con rosetones y columnas en relieve. En el dintel, labrado en una sola pieza lítica, se pueden apreciar cuatro bustos y el escudo nobiliario perteneciente a la familia española de los marqueses Salas Valdez.

Pisac

Pintoresco pueblo situado a 32 km de Cuzco. Es famoso por su mercado artesanal, su sistema de irrigación y el observatorio astronómico inca. En la parte alta se encuentran los restos del asentamiento humano precolombino que ocupa el área de toda una montaña. Compuesto por diferentes canchas (la principal es conocida como Intiwatana), es admirado por el fino acabado de sus recintos. Asimismo, es de gran interés el cementerio prehispánico, el más grande encontrado en esta parte del continente.

Valle Sagrado de los Incas

Parque arqueológico de Sacsayhuamán

Este complejo monumental de carácter religioso está situado a sólo dos kilómetros de la ciudad de Cuzco. Los incas lo llamaron "Casa del Sol", mientras que los españoles lo denominaban "Fortaleza", aludiendo a su forma de zigzag y a la Revolución de 1536.

Consta de tres plataformas superpuestas que sugieren la figura de una cabeza de puma. En el parque hay figuras diseñadas en las piedras, bocas que dan entrada a túneles subterráneos, anfiteatros y construcciones de carácter ritual, seguramente relacionadas con el culto al agua. Las enormes moles pétreas que forman parte de la construcción están ensambladas de manera perfecta, sin uso alguno de argamasa.

La más grande alcanza un peso de 125 toneladas. En la explanada adyacente, cada 24 de junio, se lleva a cabo la evocación del Inti Raymi o Fiesta del Sol.

El templo dedicado a la Tierra **Q'enqo** ("laberinto") comprende numerosas tallas, cortes y canales ceremoniales labrados en la roca. Destaca en este lugar una sala subterránea seminatural.

El **Puca Pucara**, cuyo significado en quechua es "fuerte rojo", está ubicado en un lugar estratégico sobre el camino al Antisuyo (provincia selvática de los incas). Cumplía además las funciones de un puesto de control del camino inca, e igualmente fue un centro administrativo y militar.

Tambomachay está situado a 3.700 m sobre el nivel del mar. Los estudiosos consideran este lugar como un importante centro de culto al agua. Se trata de un conjunto arqueológico conformado por canales de agua, muros, ventanas, etc. Una muestra más del dominio de los incas de la ingeniería hidráulica.

Por último **Laqo**, **Lanlakuyoq** y **Kusilluchayoq** son tres observatorios precolombinos que muestran en las rocas tallas de felinos, serpientes y aves. Fueron centros de culto ceremonial.

Ollantaytambo

Se trata de un parque arqueológico con un gigantesco complejo agrícola, social, administrativo, religioso y militar en tiempo del Tawantinsuyo. Los españoles la llama-

Yucay

A 68 km de Cuzco se encuentra esta localidad donde destaca el Palacio del Inca Manco Sairy Túpac Segundo, una construcción de piedra y adobe con diseños decorativos de alto y bajo relieve. Fue el centro de producción agrícola de los incas.

Este valle fue habitado por los Runas del Tawantinsuyo con notables trabajos de ingeniería agrícola.

Urubamba

Situado en el corazón del Valle Sagrado, a 78 km de Cuzco, este lugar fue otro centro agrícola prehispánico.

Conocido como la "Perla de Vilcanota" por sus hermosas campiñas y su clima saludable, está ubicado al pie del majestuoso nevado Chicón.

¿SABÍAS QUE...?
Chinchero fue centro agrícola inca integrado por diez comunidades indígenas. Desde este lugar se disfruta de un bello paisaje andino rodeado por los nevados perpetuos de Chichón y el Wequey Willca. Los domingos se celebra un mercado típico donde se practica el trueque.

ron la "Fortaleza de Ollantaytambo". Se aprecia el estilo arquitectónico de sus calles de corte netamente prehispánico, enormes poliedros que forman los muros y portadas trapezoidales de templos y palacios, así como la distribución urbanística en callejas rectilíneas y estrechas que son habitadas ininterrumpidamente por la gente nativa desde la época de los incas.

Machu Picchu

Durante los tres siglos que duró el virreinato los españoles no tuvieron conocimiento de la existencia de Machu Picchu. De hecho no se encuentra referencia alguna a través de los cronistas ni en ninguna documentación oficial de la época. Los nativos peruanos que supieran de la existencia de este lugar lo mantuvieron en secreto.
(ver Las joyas de Perú pág 18)

Puesto de vigilancia

Está constituido por un edificio de tres muros con varias ventanas. Desde este lugar se observan panorámicamente los dos grandes sectores, agrícola y urbano, y el entorno paisajístico.
Conviene hacer las fotografías desde este puesto, ya que se abarca gran parte del conjunto arqueológico.

En 1909 los hermanos Santander y los peruanos Enrique Palma, Agustín Lizarraga y Gavino Sánchez llegaron hasta la ciudadela.
El 24 de julio de 1911, el explorador norteamericano Irma Bringham, a cargo de una expedición financiada por la Universidad de Yale y la National Geographic Society, llegó a Machu Picchu guiado por el agricultor Melchor Arteaga y escoltado por el sargento Carrasco y varios miembros de la Guardia Civil. En 1914 Bringham efectuó la segunda expedición y realizó excavaciones metódicas. Encontró numerosas tumbas con momias, en su mayoría de mujeres, lo que le hizo suponer que la ciudadela habría sido construida como el más importante centro religioso y que pudo haber sido el último refugio de las mujeres escogidas o Vírgenes del Sol.
Hoy día, gracias a la permanente investigación arqueológica de la ciudadela, se ha podido determinar que fue el inca Pachacutec quien ordenó

su construcción, como lugar de refugio, en tierras que eran de su propiedad.

Los constructores originales de Machu Picchu trabajaron duramente para lograr un equilibrio arquitectónico en aquel lugar tan difícil. Llegaron a usar materiales de las cercanías a fin de adaptar las edificaciones a diferentes niveles. En el conjunto se aprecian dos grandes sectores. Hacia el sur se extiende el sector agrícola, y al norte el sector urbano. Estos sectores se levantaron sobre una división natural ya que se aprovechó un foso seco a consecuencia de una falla geológica.

Sector agrícola

Está rodeado por una sucesión de andenes, de diferente tipo y dimensión, que cumplían dos funciones principales: cultivo y contención de las erosiones producidas por las lluvias. Pero lo más visible son los andenes del actual ingreso a Machu Picchu. Se inician desde el grupo de las habitaciones del acceso actual, proyectándose a la cima de la montaña, hasta una gran habitación rectangular.

Es evidente que los andenes superiores, a partir del camino de ingreso, cumplían funciones agrícolas ya que presentan escaleras en volado y son más anchas. En cambio los andenes inferiores no presentan tales formaciones; es decir, que servían de contención.

En esta zona no se observan canales, ya que no era necesario puesto que las permanentes precipitaciones y la continua humedad permitían que las plantas se desarrollaran sin necesidad de riego. El único canal de agua que circunda hacia el sector urbano atraviesa por un andén central.

En el sector agrícola se hallan cinco habitaciones con características de depósitos de Chincheros y Ollantaytambo.

Hatunrumiyoc

Palacio de Inca Roca donde se encuentra la famosa piedra de los 12 ángulos en la calle del mismo nombre (también denominada calle de la piedra grande). Los incas no utilizaban ningún producto para unir las piedras en sus construcciones, sino que se encajaban como si de un puzzle se tratara, tallando las formas de las esquinas de manera que no quede ningún hueco. La piedra de los doce ángulos es una prueba evidente de este sistema de construcción.

El Templo en la montaña

En la parte más elevada y occidental de la ciudad se levanta una montaña que alberga innumerables construcciones prehispánicas, como templos y andenes de magistral factura. En el templo principal, parcialmente destruido, se aprecia el lienzo pétreo frontal formado por seis monolitos de color rojo perfectamente ensamblados, así como molduras escalonadas, signo que determina la tierra.

Sector urbano

El sector agrícola está delimitado por un foso seco, paralelo al cual se observa una larga escalinata que conduce a la puerta principal del sector urbano. Éste alberga los mayores elementos arquitectónicos de una ciudad inca, donde se observa el esmero y calidad de los constructores, ya que en su totalidad son de granito, roca mucho más dura que las utilizadas en Cuzco.

La ciudad tiene trazo en "U". Al norte se observa el gran subsector religioso de los templos, y al sur el conjunto de habitaciones y talleres en andenes platafórmicos que Bringham denominó "grupo militar".

Templo del Sol

Se trata de una construcción semicircular edificada sobre una roca maciza, es decir, un bloque de granito adaptado a la curvatura natural cuyo perímetro es de 10,5 m. La composición es con poliedros finamente pulidos. En este edificio se hallan dos ventanas trapezoidales con protuberancias en cada esquina. En el lado norte se observa una puerta finamente labrada con horadaciones en sus jambas, muy similares al del templo del Qoricancha de Cuzco. Los cronistas narran la existencia de incrustaciones en piedras preciosas y oro. Al oeste del templo se distingue un patio rectangular con nueve hornacinas intercaladas con clavos prismáticos.

Intiwatana

Está ubicado en una colina formada por varias terrazas y andenes, y se accede allí a través de 78 escalones finamente labrados. Al final se ingresa a un patio abierto con muros también labrados, y se observa una terraza superior platafórmica donde se halla una roca granítica tallada en tres escalones. En la parte central se aprecia un prisma cuadrangular de 36 cm de altura con orientación noroeste y sureste. Los cuatro vértices están dirigidos

a los cuatro puntos cardinales. El denominado Intiwatana debió cumplir dos funciones específicas: medición del tiempo (solsticio y equinoccio), por efecto de luz y sombra, y como roca altar. En quechua significaría observatorio del Año Solar (Inti=Sol; Wata=Año).

Grupo de la Roca Sagrada:

Situada en un espacio cuadrangular flanqueado por dos habitaciones de tres muros, la Roca Sagrada en sí se caracteriza por ser una pieza monolítica labrada de 3 m de altura y 7 m de base. El pedestal se asemeja a un felino. Desde otro ángulo se observa el perfil de una montaña circundante de Machu Picchu.

Templo de las Tres Ventanas:

Se ubica al oriente de la plaza principal, tiene una gran planta rectangular y el nombre se debe a que en la parte matriz existen tres hermosas ventanas más dos vanos ciegos. El recinto está formado por enormes poliedros finamente esculpidos y unidos con milimétrica precisión. Delante de la construcción tipo wayrana existe una representación lítica con molduras y porciones planas finamente pulidas.

Templo Principal

Se ubica al norte de la plaza Sagrada, muy cerca al templo de las Tres Ventanas. La construcción de tres muros, tiene una longitud de 11 x 8 m de ancho.

Las puertas

La presencia de las puertas en este sector en Machu Picchu es bastante frecuente. Presentan distintas texturas, tamaños y estilos arquitectónicos que las diferencia unas de otras, aunque todas coinciden en su tradicional forma trapezoidal. Algunas son de una sola jamba y dintel, otras de doble, unas sencillas y otras con diferentes mecanismos de seguridad, como argollas pétreas, cajuelas centrales y otros que servían para atar troncos transversales y dar mayor seguridad a las puertas.

Cementerio superior y roca ritual

En todas las ciudades incas los entierros se celebraban en zonas periféricas de la ciudad. En la parte superior se hallaron cantos rodados que pertenecen al lugar, lo que indica que se realizaron ofrendas con dichas piedras. Asimismo, se encontraron restos óseos. En esta pequeña explanada se observa una roca granítica labrada con escalones, pero lo más característico es la presencia de una horadación a manera de argolla, cuya finalidad no se conoce. En la superficie superior se observa un espacio anatómico, como para colocar una persona en posición de cúbito dorsal.

Las fuentes

Al sur del conjunto, entre el templo del Sol y el palacio Real, se inicia una sucesión de fuentes de agua y únicos surtidores del líquido, elemento fundamental para la vida de los habitantes de Machu Picchu. Las tres primeras fuentes o "paqchas" en quechua, presentan un acabado fino, ya que las estructuras arquitectónicas fundamentalmente son de rocas labradas a las que se adosan los demás componentes arquitectónicos, como el vertedero y los muretes laterales. Este acabado obedece a la armonía que juegan el templo del Sol y el palacio Real. Estas fuentes eran alimentadas por aguas subterráneas y transportadas mediante un canal para ser utilizadas con fines agrícolas.

Mausoleo o Tumba

El enorme bloque de piedra inclinado que soporta el Templo del Sol en su porción inferior deja una gruta que está decorada y acondicionada con excepcional maestría, para luego ser utilizada como mausoleo.

Fue además lugar de adoración y ofrenda a las momias de las principales autoridades. Presenta en su punto de acceso una representación del signo escalo-

nado de la diosa Tierra. En su interior se observan nichos líticos y otros accesorios utilizados para fines litúrgicos y atención de las momias.

Las plazas

Son cuatro plazas en diferentes niveles, pero caracterizadas por presentar formas rectangulares de estilo clásico inca, intercomunicadas por escalones empotrados en los parámetros de los andenes. La que tiene mayores dimensiones es la plaza central, la cual, lo mismo que las plazas de las ciudades incas, cumplió funciones religiosas y sociales. El cuarto espacio es una plaza flanqueada por andenes con sus respectivos accesos, similares al de la cultura Chavín, del 1000 a.C.

Camino Inca

El camino inca a Machu Picchu es la ruta más famosa de trekking en Sudamérica, y dura cuatro días y tres noches. Comienza en el kilómetro 88 de la línea férrea hacia el valle de la Convención, en el lugar denominado Q'oriwayrachina. La distancia total del camino es de 39,6 km.

El Tiempo en Cuzco

En Cuzco, la temperatura media anual es de 11°C. En las zonas altas las noches son frías y los días templados. Las estaciones se dividen en dos periodos: seco, de abril a octubre y húmedo, de noviembre a mayo. Se recomienda a los visitantes llevar ropa de abrigo e impermeables durante la estación de lluvias.

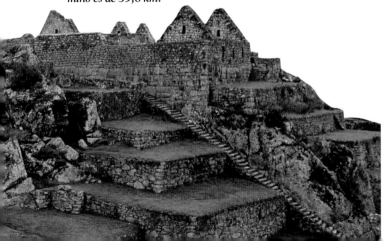

Primer día

Para iniciar el viaje se debe cruzar el puente Kusichaca. Utilizando el basamento inca, éste se ha rehabilitado con un puente colgante con cables de acero que permite el paso sobre el río Urubamba. Después se prosigue hacia el lado izquierdo por el bosque de eucaliptos. Al llegar a los grupos arqueológicos de Q'ente, Pulpituyoc, Kusichaca y Patallaca se continúa el camino por la margen izquierda del río Kusichaca en la zona del mismo nombre donde se encontrará, además del puente, tumbas, acueductos, andenes, caminos y un cañón. El camino sigue hasta alcanzar la pequeña población campesina de Guayllabamba, con acueductos de la época inca, a la cual se llega después de 9 km. A la hora de acampar se recomienda llegar a Llullucha, 1,6 km más adelante.

Segundo día

El segundo día es el más duro, ya que se tienen que vencer los 4.200 m de altura al pasar por el Abra de Warmiwañusqa (el punto más alto). Si alguien adolece del mal de altura, se recomienda no parar; todo lo contrario, se debe proseguir lo más rápidamente posible para bajar hasta el valle del río Pakaymayu, a 7 km y a ocho horas de caminata, donde se debe acampar.

Tercer día

La tercera jornada es la más larga, pero también la más interesante. Se podrán visitar impresionantes grupos arqueológicos como el de Runkuraqay, un conjunto amurallado con nichos interiores que tal vez fue un puesto de vigilancia y estación ritual. Después de este segundo paso se baja a Yanacocha (laguna negra). Más tarde se asciende por un sendero con escalones de piedra hasta llegar a otro grupo denominado Sayaqmarka, un conjunto arquitectónico prehispánico, con callejas angostas, recintos dispuestos en planos diferentes, fuentes litúrgicas, patios, canales y un muro protector en la periferia. En la cumbre del espolón se pueden observar nutridas construcciones que hacen suponer que tal vez fue un templo y, al mismo tiempo, un observatorio astronómico con permanente provisión de agua y buenos depósitos de alimentos.

La distancia estimada hasta Runkuraqay es de cinco kilómetros y se
vence caminando durante dos horas y media. Su altitud es de 3.600 m
sobre el nivel del mar. En el recorrido de estos grupos arqueológicos se
tiene que atravesar un túnel. El grupo arqueológico de Phuyupatamarca es el más completo y mejor conservado. Tiene una sólida
basamenta construida desde muchos metros de profundidad en algunos casos.

Se han realizado trabajos de investigación en el lugar desde 1940, pero no se tiene información precisa sobre la
función específica que cumplía el contexto de seis grupos urbanos cercanos a Machu Picchu. Están compuestos por cuatro sectores bien definidos que son: sector
agrícola, con numerosos andenes; sector religioso; sector de las
fuentes y sector habitacional, donde se ubican las viviendas.

Se recomienda acampar en las cercanías del grupo arqueológico de
Phuyupatamarca o tres kilómetros más adelante, en el Centro de Visitantes de Wiñayhuayna.

Cuarto día

El cuarto día, si se parte a las 8:00 a.m., se puede llegar a Machu Picchu a las 11:00 a.m. tras ocho kilómetros de caminata por la selva. Se
recomienda seguir la ruta señalizada y estar provisto de agua. Al llegar
se debe depositar el equipo en la zona de control. Tras pasar el día en
Machu Picchu se puede realizar la vuelta a Cuzco en tren o a Aguas Calientes después de una caminata de 20 minutos.

Arequipa
y el Valle del Colca

El departamento de Arequipa tiene un gran pasado histórico que se remonta a 5.000 ó 6.000 años a.C, época de la que quedan testimonios de arte rupestre y 400 monumentos arqueológicos. Los incas conquistaron esta tierra a los collaguas y los cabanas, y la convirtieron en proveedora de productos agrícolas para el imperio.

Arequipa

*En 1540 fue fundada la Villa Hermosa de Arequipa
en el viejo barrio de San Lázaro, pero al dejar de ser
paso en la ruta de la plata de Potosí a España, la villa quedó aislada. En 1840, con la llegada del ferrocarril, volvió a estar comunicada tanto con ciudades de la costa como de la sierra.*

A Arequipa se le llama la "Ciudad Blanca" por el color de sus casas, que
son construidas con el sillar. Se trata de una piedra de origen volcánico
y que, contra lo que sería de suponer, es de color casi blanco. Esta ciudad, que ahora es considerada la segunda más importante de Perú, fue
un importante bastión en la lucha por la independencia en el siglo XIX.

Iglesias

Catedral

La antigua catedral fue destruida por un incendio en 1844. Pocos años
más tarde, en 1868, fue restaurada por el arequipeño Lucas Poblete, en
una obra que duró dos años. Actual-
mente muestra un estilo neorre-
nacentista con influencias
francesas.

En la fachada, que cuenta con tres grandes portadas, dos medallones de bronce simbolizan la Confederación Peruano-Boliviana.

En el interior sobresale el altar mayor de mármol de Carrara, confeccionado por Felippo Moratillo. El púlpito, tallado en madera, es obra del francés Rigot, y el órgano es de fabricación belga.

Monasterio de Santa Catalina

Fue fundado en septiembre de 1579 bajo la advocación de Santa Catalina de Sena. Hasta 1970 se ha mantenido cerrado al público.

Conserva intactas las características de los siglos XVI y XVII. Estrechas calles, plazas y jardines con nombres españoles recuerdan a los barrios antiguos de Sevilla o Granada. En su interior alberga dos museos donde se han reunido importantes piezas como reliquias de porcelana, ornamentos religiosos, obras escultóricas, imaginería y cuadros de diferentes escuelas.

Casonas

Casa del Moral

Esta tradicional casa del siglo XVII cuenta con una bella portada y salas abovedadas en el interior. Es un notable ejemplo del lujoso barroco arequipeño.

Casa del Tristán del Pozo

Fue construida en 1737 por el general Domingo Tristán del Pozo y su ornamentación es característica de la zona.

¡SABÍAS QUE...?

La Merced es un conjunto barroco de iglesia y convento de fines del siglo XVII y que posee una biblioteca virreinal y pinturas de gran valor.

La Compañía

Es una antigua iglesia de los jesuitas del siglo XVII. Entre sus elementos destacan los relieves y esculturas de la fachada, el púlpito de madera tallada y la sacristía. El claustro está formado por galerías abovedadas y arcos de medio punto, con columnas labradas en tradicional estilo arequipeño.

San Agustín

Cuenta con una
hermosa fachada
barroca con abun-
dancia de adornos
esculpidos en sillar.
La sacristía tiene
la peculiaridad de
ser una obra moder-
na de la artesanía
mestiza.

Casa del Mendigo

Esta casa del siglo XVIII muestra un estilo republicano. Actualmente es la sede del Instituto Cultural Peruano Norteamericano.

Casa Ricketts o Ugarteche

Propiedad del Banco Continental en la actualidad, destaca el
trabajo de su fachada así como del patio interior. En ella fun-
ciona un pequeño museo y galería de sitio.

Casa de la Moneda

Fue construida en 1798 y hoy en día conserva las características
iniciales debido a la solidez de su construcción. Durante el siglo
pasado fue sede de la casa de la Moneda de Arequipa.

Casa Gyeneche

Esta casa del siglo XVIII es actualmente sede del Banco Central
de Reserva. Toda de sillar, tiene amplias proporciones y conserva aún auténtico mobiliario virreinal.

ALREDEDORES DE LA CIUDAD

Yanahuara

Se encuentra a dos km de la ciudad, y en ella destaca su iglesia
de 1750. El mirador, en una explanada con arquerías de sillar,
ofrece una magnífica vista de los volcanes que rodean la ciudad,
destacando el Chachani, Misti y Pichu-Pichu.

Cayman

A 3 km de la ciudad, cuenta con una iglesia del siglo XVIII desde donde además se aprecia una magnífica vista.

Yura

A 30 km, dispone de baños termales al pie de la zona del volcán apagado Chachani. A 7 km están las aguas termales de **Socosani**. A nueve kilómetros de la ciudad de Arequipa, en **Jesús**, se encuentran otras aguas termales específicamente indicadas para dolencias renales, hepáticas y dérmicas.

Tingo

A 5 km hay tres piscinas de aguas termales y cuenta con una alameda donde se puede disfrutar de platos típicos como buñuelos, anticuchos y choclos con queso.

Huasacache

Es un pueblo a orillas del río Socabaya en donde existe una construcción colonial, del siglo XVIII, conocida como la Mansión del Fundador.

Sabandía

Situada a 8 km de la ciudad de Arequipa, es una hermosa campiña dominada por los volcanes Chachani y Misti. Alberga un interesante molino del siglo XVIII.

San Francisco

Forma parte del conjunto arquitectónico virreinal del siglo XVI compuesto por la biblioteca, que dispone de más de 20.000 volúmenes, una completa pinacoteca y la capilla de la Tercera Orden.

Valle del Colca y su cañón

Este valle se encuentra a un par de horas al norte de Arequipa, con la que se comunica por una carretera en zigzag que transcurre por las faldas del Chachani hasta llegar al Valle del Colca con sus hermosos paisajes circundados por andenes, nevados y pueblos fundados en el siglo XVI.

Petroglifos de Toro Muerto

Tomando la ruta hacia Lima, a la altura de Corire, un desvío de 7 km conduce al conjunto de petrograbados conocidos con el nombre de Toro Muerto. En este lugar se encuentran piedras volcánicas diseminadas en un área de casi 5 km², probablemente debido a las violentas erupciones del Coropuna o del Chachani durante la era terciaria, hace 50 millones de años. En todo este área se pueden encontrar petroglifos con representaciones de animales o plantas.

El virrey Toledo ordenó agrupar a los descendientes de los antiguos collaguas que se encontraban dispersos en 14 poblados que han permanecido detenidos en el tiempo conservando sus características originales como el trazado de las calles, las fiestas tradicionales o las iglesias profusamente ornamentadas.

La primera parada en el camino es en el poblado de **Chivay**, donde se puede acampar. Aproximadamente 40 km después está **Cabanaconde** y muy cerca el **Mirador de la Cruz del Condor** desde donde se contemplan los paisajes y monumentos arquitectónicos virreinales en sus pintorescos pueblos.

Cuevas de Sumbay Arte Rupestre

Sumbay se encuentra a 88 km de Arequipa por la carretera hacia Cailloma, a las espaldas del volcán Misti. La altitud promedio es de 4.127 m y muestra un paisaje típico. La importancia arqueológica de Sumbay se encuentra en sus cuevas, con valiosas pinturas rupestres de la era paleolítica en sus paredes rocosas. Se trata de pictografía naturalista y seminaturalista con representaciones de figuras humanas, aunquénidos y pumas con una antigüedad de entre 6.000 y 8.000 años.

Bosques de piedra de Imata

Se trata de una formación muy original que está constituida, a su vez, por un conjunto de formaciones rocosas que, debido a la erosión del viento, han tomado la apariencia de un misterioso bosque petrificado. De fácil acceso, se encuentra cerca de la vía del ferrocarril Arequipa-Puno y en coche cogiendo la carretera a Puno.

*Museo de la
Universidad de
San Agustín*

Posee varias seccio-
nes, aunque la más
importante es la de
Historia y
Antropología, con
buenas colecciones
de cerámicas de
diferentes estilos y
culturas del depar-
tamento.

Andahua Valle de los Volcanes

En el norte de la provincia de Castilla, a 377 km de Arequipa, se encuentra esta zona que posee una extraordinaria belleza por las varias de-
cenas de pequeños volcanes apagados que se observan. Se calcula que la
antigüedad de los pequeños volcanes oscila entre los 50.000 y el millón de
años. Los más sobresalientes, que se conocen como Gemelos, se encuentran a 10 km de la ciudad. Al sur del pueblo se
encuentra el Andomarca, en cuya
base quedan restos de una
ciudadela prehispá-
nica.

Puno y el Titicaca, el gran lago de los incas

Región rica en restos arqueológicos y monumentos históricos, ya que a orillas del lago Titicaca confluyeron tres culturas: la aymara, la quechua y la española. Esto dio origen a un mestizaje único que sobrevive en sus pobladores y se manifiesta en su arte y cultura.

Chullpas de Sillustani

Se trata de una zona arqueológica a 34 km de la ciudad de Puno. La necrópolis, que es una de las más grandes de América y de las más impresionantes del mundo, se yergue sobre una explanada de 4.000 m sobre el nivel del mar en forma de península, que se introduce en la hermosa laguna de Umayo.

Las Chullpas o Aya Wasis que ahí se encuentran son gigantescos monumentos funerarios construidos por los Kollas. Estas edificaciones cuadrangulares y circulares superan los 12 m de altura. La forma en que fueron realizadas suponen todo un reto para las leyes del equilibrio, pues tienen menor diámetro en la base que en su parte superior. Entre ellas destacan la "Chullpa del Lagarto" y el Inti Watana. Cuenta también con un museo de sitio y un restaurante.

Puno

El departamento de Puno se sitúa en la zona sureste de Perú. Su clima es frío y semi-seco. La temperatura promedio anual es de 9°C, aunque en invierno baja hasta 3°C.

Inicialmente, la meseta del Collao estuvo poblada por grupos aymaras. La presencia de los quechuas es posterior. Según el cronista Garcilaso de la Vega, ésta coincide con la leyenda de Manco Cápac y Mama Ocllo, quienes surgen de las aguas del lago Titicaca para fundar el imperio de los incas. La cultura pre-hispánica más importante y de mayor influencia en la zona fue la de Pucará.

Ya en su etapa republicana (1825), Puno fue visitada por el libertador Simón Bolívar. En 1870 se instaló la línea férrea Arequipa-Puno, que dio inicio a la navegación lacustre.

Catedral

Fue levantada en 1757, está ubicada en la plaza de Armas y resalta por la calidad de su construcción y de sus tallados en piedra. El templo fue construido por el alarife peruano Simón de Asto, cuyo nombre se encuentra inscrito en la portada. Su estilo es barroco y constituye un ejemplo de la arquitectura mestiza local.

Arco Deustua

Se trata de una edificación realizada en piedra labrada por el pueblo puneño y en honor a los héroes de las batallas de Junín y Ayacucho. Es centro de convergencia para las despedidas de la fiesta de la Candelaria, que se celebra en febrero.

¿SABÍAS QUE...?

La totora es una especie vegetal esbelta y espigada que crece en pozas de agua del subsuelo. Una vez cosechada, lo tallos deben dejarse secar durante un mes, hasta que estén aptos para servir de materia prima en la construcción de las balsas llamadas "caballitos de totora", que sirven a los pescadores desde épocas preincas (los hombres de la cultura Vicús las utilizaron por primera vez) para internarse en el mar.

Casa del Corregidor

Típico solar puneño del siglo XIX, situado a un lado de la catedral.

Casa del Conde de Lemos

Ubicado en la esquina de las calles Deustua y El Conde de Lemos. Mansión colonial en la que, según la tradición, se alojó el virrey Conde de Lemos cuando fundó la ciudad en 1668.

Cerrito de Huajsapata

Se trata de un cerro en cuya cima existe un monumento a Manco Cápac. Desde allí se aprecian la ciudad y el lago.

Lago Titicaca

Los pueblos cercanos al lago poseen tesoros de arquitectura colonial, como las iglesias de piedra tallada en Juli y Pomata.

Islas flotantes de los Uros

Se trata de un conjunto de 40 islotes flotantes de totora construidos por los antiguos habitantes del lago, los Uros. Se recomienda la visita al Centro de Interpretación de la isla Foroba, en la misma reserva.
Los Uros son uno de los pueblos más antiguos de América, se dedican principalmente a la caza, la pesca y la taxidermia, y destacaban por su habilidad única para trabajar la totora.

Museo Dreyer

Exhibe colecciones de cerámica, orfebrería, tejidos y esculturas líticas pre-incas e incas de la zona del altiplano. Asimismo, conserva una colección de numismática y documentos sobre la historia de la fundación española de la ciudad.

Isla Taquile

Es una isla de gran interés paisajístico y cultural. Sus habitantes se dedican a la agricultura y han desarrollado una original forma de "turismo comunal", en virtud del cual el visitante comparte sus alimentos, viviendas, costumbres y tradiciones. Son famosos por sus tejidos y artesanías. Cuentan con un museo de folklore y otro de tejidos antiguos.

Madre de Dios, tierra de Manú

Este departamento está ubicado al sureste de Perú, en la región inca, y presenta zonas de selva alta y selva baja. Las poblaciones nativas de Madre de Dios debieron de aparecer hace miles de años, y se está determinando que los arahuacos llegaron vía migración. De ellos se derivaron muchas etnias. A los machiguengas, que aún viven en Madre de Dios, se les relaciona con los incas y los españoles.

Madre de Dios

El clima en esta zona es tropical, cálido y húmedo, con una temperatura media de 2°C. La época de lluvias se extiende de noviembre a abril. La capital de la subregión es Puerto Maldonado.

Reserva Nacional de Tambopata-Candamo

Está situada en la confluencia de los ríos La Torre y Tambopata, con una extensión de 5.500 ha de selva virgen. Destaca por su riqueza y variedad de pájaros (aproximadamente 600 especies), mariposas (900 especies) y libélulas (115 especies).

Reservas de la Biosfera del Manú

Reconocida así por la UNESCO en marzo de 1973, está conformada por tres áreas: el Parque Nacional del Manú, una zona inaccesible; la Zona Reservada del Manú, apta para el turismo; y el Bajo Manú, la zona cultural habitada por asentamientos humanos.

La reserva es un ecosistema que se ha visto inalterado durante miles de años, por lo que presenta una de las mayores variedades de flora y fauna del mundo. Se estima que el total de aves que vive en el parque son más de 1.000, y las especies diferentes de mamíferos son cerca de 200. Las especies de plantas con flora varían entre 2.000 y 3.000, de las que se piensa que un 10% son nuevas para la ciencia. Se han llegado a encontrar más de 250 especies de árbol en una sola ha.

Al parque nacional se ingresa remontando el río Manu, atravesando un paraje de selva y seja de selva, para luego alojarse en un albergue turístico o acampar en una de las riberas del río. Para acceder al parque es necesario solicitar una autorización a la dirección del Parque Nacional.

Lago Valencia

Está a 60 km de Puerto Maldonado, a cuatro horas en lancha de motor. Durante el camino, a orillas del río Madre de Dios, es posible ver buscadores de oro, el asentamiento nativo de los Huarayos y una variada flora y fauna. En el lago se pueden pescar corvinas, dorados y doncellas, entre otros.

¿SABÍAS QUE...?

La zona reservada de Manú cuenta con numerosos lagos como: Valencia, Copa Manú Sandoval, la Pastora, Tambopata, Madre de Dios, Cocococha, Tres Chimbadas, y Amigos. Y con ríos, como: Manú, Tambopata, Madre de Dios, La Torre, Manuripe, Las Piedras, Tahuamanú.

Ica y las Líneas de Nazca

Ica estuvo habitado por pueblos pertenecientes a las culturas Paracas y Nazca. Esta etapa histórica se caracteriza por un manejo racional del agua y los terrenos desérticos. Estos pueblos también sobresalieron por una singular destreza en la fabricación de cerámica, tejidos, tallas de madera, metalurgia, joyas y por la pesca de innumerables especies marinas.

Ciudad de Ica

A lo largo de los siglos

Época incaica: después de la dominación de Ica por Pachacutec, en el siglo XV, surgen algunos asentamientos de poblaciones en todo el valle para asegurar la tributación de productos agropecuarios a la capital imperial.

Época virreinal: el 17 de junio de 1563, Luis Jerónimo de Cabrera fundó el primer asentamiento español con el nombre de Villa de Valverde de Ica. En 1568 se vieron obligados a trasladar el poblado debido a los seismos. Al nuevo emplazamiento se le llamó San Jerónimo de Ica. Tras muchos cambios se reconoce como ciudad y se establece en el lugar que actualmente ocupa.

Época republicana: la plaza de Armas fue testigo el 20 de octubre de 1820 del grito libertario en el Perú proclamando la Independencia Nacional dado por el alcalde de Ica, Juan José Salas.

Ica es considerada la ciudad del sol eterno, capital del vino y pisco peruano. Las festividades religiosas y populares son uno de sus principales atractivos.

Palacio Municipal

La construcción de este palacio se inició en el período republicano y conserva una artística arquería. En la segunda planta se encuentra el salón consistorial con figuras ornamentales de madera que representan las estaciones del año.

Catedral de Ica

Se encuentra en la segunda cuadra del Jr. Bolívar. Data del siglo XVIII e inicialmente formó parte del conjunto monumental de la Compañía de Jesús.

Santuario del Señor de Luren

Está ubicado entre las cuadras 10 del Jr. Ayacucho y 7 del Jr. Piura. Este santuario de estilo neoclásico se caracteriza por tener tres portales con arquería de ladrillo. El Señor de Luren es el patrón de la ciudad y su imagen sale en procesión en Semana Santa y en la tercera semana de octubre.

Casona del Marqués de Torre Hermosa

Situada al lado sur de la plaza de Armas, en la calle Libertad, en su fachada se puede apreciar su artística portada, uno de los pocos ejemplos de arquitectura virreinal que han sobrevivido al tiempo y a los seismos.

Casona de José de la Torre Ugarte

En esta casa, ubicada en la primera cuadra de la calle Dos de Mayo, nació y vivió el iqueño José de la Torre Ugarte, autor de la letra del Himno Nacional.

ALREDEDORES DE LA CIUDAD

Pueblo de Cachiche

Este lugar, cuatro kilómetros al sur de Ica, es conocido por sus "Brujas", que hace siglos curaban toda clase de males y daños. Su fama es tal, que a la entrada se erige una estatua alusiva a la bruja, subida sobre un tronco de huarango.

La Achirana del Inca

Se trata de un canal de regadío construido en la época del incanato, durante el gobierno del inca Pachacutec, por lo que tiene una antigüedad de 500 años.

Bosque de Piedra "Los Frailes"

En el distrito de Parcona, cinco kilómetros al este de Ica, se encuentra este bosque compuesto por rocas riolíticas con extrañas formas causadas por los continuos vientos. Destacan las figuras de una tortuga, la cabeza de un mono, el chullo, un sapo, un roedor y un pescado.

Huaca Guadalupe

En el distrito de Salas, a un kilómetro del pueblo de Guadalupe y de la carretera Panamericana Sur, se sitúan estas excavaciones donde se han descubierto una serie de estructuras que conforman recintos, rampas y pisos de varias ocupaciones que abarcan las culturas Ica e Inca, durante los siglos XIII y XV de nuestra era. También se han encontrado fragmentos murales sobre adobes con diseños de aves estilizadas en amarillo, rojo, blanco y negro.

La ciudad del sol eterno

Actualmente Ica es una zona que ofrece el colorido de sus campiñas y bodegas vitivinícolas en contraposición con el desierto con sus dunas y médanos y las enigmáticas Líneas de Nazca. El impresionante paisaje natural de la Reserva Nacional de Paracas y el oasis de la Huacachina son enclaves que no dejan indiferente al visitante.

Un aeropuerto para extraterrestres

Se han desarrollado múltiples teorías acerca de las líneas de Nazca. María Reiche afirma que se trata de un calendario astronómico que permite calcular fechas y estaciones. Sin embargo, la etnóloga Simone Waisbard asegura que son calendarios meteorológicos superpuestos a lo largo de los siglos. El explorador inglés Tony Morrison atribuye los trazados a un significado religioso y considera las "grandes pistas" como lugares de reunión. El suizo Erich von Danike va más allá y afirma que las pistas eran un aeropuerto rudimentario para extraterrestres y los dibujos una señalización gigante para guiar a unos "dioses" para su retorno. (Ver más en *Las Joyas de Perú*, pág 19.)

Takaraca

Es la ciudadela más antigua del valle iqueño. Fue edificada durante la hegemonía del inca Pachacutec. Se trata de una ciudad formada por huacas en forma de pirámides.

Nazca

Paredones

A dos km de Nazca, en el kilómetro 1 de la carretera Nasca-Puquio, se encuentra lo que se ha definido como un centro administrativo inca, compuesto de numerosas habitaciones, terrazas y patios con bases de piedra y paredes de adobe, utilizando los cimientos antiguos de la cultura Nazca.

Pampa Galeras

A 80 km de Nazca se encuentra la Reserva Nacional de la Vicuña, un bello y delicado camélido oriundo de Perú de fina y rica lana muy apreciada. Este animal representa la riqueza de la fauna peruana en el escudo nacional.

El Candelabro

Llamado también "Tres Cruces" o "Tridente", es un geoglifo de más de 120 metros de largo que se ubica al noroeste de la Bahía de Paracas, entre las playas Martín y Talpo. Su posible origen y función coincide con los de las líneas y figuras de Nazca.

¿SABÍAS QUE...?

Los acueductos de Nazca, situados en los valles de Nazca, Taruga y las Trancas, pertenecen a la cultura Nazca, aproximadamente del 550 d.C. Son verdaderas galerías filtrantes, construidas con paredes de cantos rodados y techos de lajas de piedra o troncos de huarango, que en algunos casos recorren varios kilómetros debajo de la superficie, alcanzando profundidades de hasta 12 m.

La Catedral

Situada entre las playas Ymaque y Supay, es una impresionante formación rocosa que ha sido horadada por el agua y el viento, y en cuyo interior es posible encontrar al gato marino o chingungo, especie en vías de extinción, así como también algunas aves marinas.

Paracas

Reserva Nacional de Paracas

A tres horas de viaje, al sur de Lima, se extiende sobre 335.000 hectáreas esta Reserva Nacional. Su finalidad es la de proteger y cuidar las especies animales en vías de extinción. Es el único área protegido de Perú que contiene en su ámbito un ecosistema marino. Desde el puerto de Paracas es posible emprender excursiones en bote a las Islas Ballestas, donde se pueden ver muy de cerca lobos marinos, gatos marinos, pingüinos de Humboldt, flamencos o parihuanas, tortugas, lagartijas e infinidad de aves marinas, así como peces y delfines.

La Reserva Nacional de Paracas ofrece una biogeografía única para la práctica de la caza submarina, tabla de vela o windsurf, esquí acuático y campamento deportivo.

¿SABÍAS QUE...?

El Telar de Cantallo es de un geoglifo de grandes dimensiones situado a 3 kn de Nazca. Es conocido como un complejo textil por su representación de instrumentos como la aguja, el huso y varios espirales que podrían ser ovillos de hilo.

La Coca

El 12 de octubre de 1492, cuando Colón desembarcó en la isla de Guanahaní, los indios le ofrecieron un puñado de hojas secas. Se presume que pudo haber sido coca. Lo cierto es que la coca ya tenía una tradición de cultivo de 6.500 años. Planta sagrada de los incas, esta hoja tiene un lugar importante en la cultura andina, en cuyo contexto se la considera inductora de sabiduría y conocimiento. Se le reconocen múltiples usos medicinales, además de sus propiedades como paliativo de la fatiga y el hambre. El empleo que le ha dado el narcotráfico ha influido negativamente en la imagen de esta planta de alto valor simbólico y cultural.

Ancash, a los pies del Huascarán

El departamento de Ancash está situado al norte
de Lima, entre el océano Pacífico y el río
Marañón. En esta región, de rico pasado
histórico, se formaron las primeras bases de las
futuras culturas, entre ellas la cultura Chavín,
en torno al 1.700 a.C. En el primer milenio de
nuestra era se desarrolló la cultura Recuay o
Huaylas. Después, los incas conquistaron la
región a mediados del siglo XV y la anexionaron
a su vasto imperio.

Huaraz

Huaraz es la capital del departamento de Ancash y está ubicada en el Callejón de Huaylas, entre la Cordillera Blanca y Negra.

Su clima es variado con días calurosos y noches frías. La época de lluvias se prolonga desde diciembre hasta abril, y entre mayo y noviembre se vive el verano andino.

En la actualidad constituye uno de los más importantes centros turísticos de Perú gracias a sus restos arqueológicos y a su geografía con glaciares y picos nevados que sobrepasan los 6.000 m de altura.

Museo Regional de Huaraz

Está situado en el Centro Cívico, en la plaza de Armas. Cuenta con valiosas colecciones de cerámica y monolitos de las antiguas culturas de la región.

Mirador de Rataquenua

Se trata de una colina ubicada en la parte alta de la ciudad de Huaraz, desde donde se puede disfrutar de todo el panorama de la ciudad. Existen otros miradores como el Balcón de Judas, desde donde se obtiene una vista de los nevados.

ALREDEDORES DE LA CAPITAL

Monterrey

Está situado 7 km al norte de Huaraz y es famosa por sus paisajes y sus agua termo-medicinales para el tratamiento de enfermedades reumáticas.

Chancos

Este balneario, situado 30 km al norte de Huaraz, tiene una ubicación ideal, ya que está situado en un valle junto al nevado Huascarán.

Caraz

Se encuentra 67 km al norte de la capital. Se trata de una pintoresca ciudad que guarda el encanto de los antiguos pueblos de la sierra y es muy apreciada por los amantes de la estética urbano-rural. Su clima es excepcionalmente caluroso y seco, y cautivan por su belleza las campiñas con hermosos cultivos de claveles y otras variedades de flores que se producen para la exportación.

Recuay

Situada 25 km al sur de Huaraz, alberga los restos arqueológicos de Pueblo Viejo. Sus habitantes se dedican a la agricultura y a la minería.

Carhuaz

Situada 34 km al norte de la capital, Carhuaz es una ciudad tradicional construida al estilo mestizo. Su amplia plaza de Armas cobija modernas construcciones como el centro cívico y el Santuario de la Virgen de las Mercedes, cuya festividad se celebra el 24 de septiembre.

Las lagunas

Parón

Esta laguna azul celeste, situada 100 km al norte de Huaraz, es la más grande de la Cordillera Blanca. Desde allí se aprecian los nevados Pirámide de Garcilaso, Huandoy Norte, Pisco, Chacraraju y Paria.

Llanganuco

Se halla a 82 km de Huaraz en dirección norte, y está conformada por dos lagunas:

Chinan Cocha (laguna hembra) y Orcón Cocha (laguna macho). Ambas se caracterizan por la coloración de sus aguas verde turquesa. Desde este lugar se aprecian los nevados de Chopicalqui, Huascarán, Huandoy, Pisco, Chacraraju y Yanapaccha.

Llaca

Situada a 27 km de Huaraz. En este lugar se pueden apreciar los restos arqueológicos de Wilcahuin. Desde la laguna se observan los nevados de Occhapalca y Ranrapalca.

Quebrada de Pachacoto Carpa

Esta laguna se encuentra 57 km al sur de Huaraz, en el desvío a la quebrada Pachacoto-Carpa. En esta zona se encuentran los rodales de la famosa "Puya Raimondi", las fuentes gasificadas de "Pumapampa", el ojo de agua "Pumashimi", pinturas rupestres y los nevados de Muroraju, Huarapasca, Pasto Ruri. A 35 km del desvío se encuentra el nevado Pastoruri, propicio para la práctica del esquí y el andinismo de fácil ascensión.

Cañón del Pato

Es un impresionante accidente geográfico en el que las rocas graníticas de la Cordillera Blanca y Negra se aproximan a menos de cinco metros

de distancia. Esto se debe a la erosión de las torrentosas aguas del río Santa. El hombre se ha aprovechado de ello para construir túneles y la Central Hidroeléctrica del Cañón del Pato, una de las más importantes fuentes generadoras de energía eléctrica del país.

Parque Nacional del Huascaran

Comprende un área de 340 ha de la Cordillera Blanca, donde destaca el nevado Huascarán. Con sus 6.768 m sobre el nivel del mar, se trata del nevado más alto de Perú y de la montaña tropical más alta del mundo. Declarado Parque Nacional por el gobierno peruano y Patrimonio Natural de la Humanidad por la Unesco, sus atractivos naturales comprenden flora y fauna exóticas, lagunas, nevados y fuentes de aguas gasificadas y termo-medicinales.

Flora

La más importante y excepcional es la "Puya Raimondi", una planta que alcanza los 12 m de altura y que tiene un ciclo de vida de aproximadamente 30 años en los que llega a esparcir seis millones de semillas. Existen otras especies como quenual, quisuar, orquídeas, etc.

Fauna

La variada fauna del Parque de Huascaran comprende especies como el venado, vicuña, oso de anteojos, toruca, puma y zorro entre otros. Entre las aves, las más comunes son el pichisanca o gorrión americano, tórtola y jilguerito cordilleranos, perdiz, patorana, cóndor picaflor y otros.

Ayacucho, el esplendor de Huamanga

El departamento de Ayacucho está situado en la
sierra central de Perú. Si bien la región es
eminentemente andina, también posee zonas de
selva sobre el río Apurímac. Su capital es la
ciudad de Ayacucho, conocida también con su
nombre antiguo: "Huamanga".

Ayacucho

Los Wari, el primer imperio andino, convirtieron la zona en un importante centro de actividades que dominó el sur andino entre los años 900 y 1200 d.C. aproximadamente. Al ocaso de este imperio, los pobladores Chanca llegaron desde Huancavelica y dominaron la región. Finalmente el inca Pachacutec logró doblegarlos en 1438 y estableció en la región una ciudadela que sirvió como centro de dominio inaíco y administración política. Actualmente, es una de las ciudadelas prehispánicas mejor conservadas.

Considerando su ubicación estratégica entre Cuzco y Lima, los españoles fundaron la ciudad de San Juan de la Frontera el 29 de enero de 1539, que luego fue trasladada de lugar y fundada por segunda vez con el nombre de Huamanga, el 25 de abril de 1540.

Ayacucho gozó de renombre durante los siglos XVI y XVII. Sin embargo, este esplendor comenzó a decaer hacia finales del siglo XVIII debido a las migraciones a Lima. Durante las batallas por la independencia, Ayacucho jugó un papel importante. El libertador Simón Bolívar venció el 9 de diciembre de 1824 a las tropas realistas en la Batalla de Ayacucho, cambiando el nombre de la capital, Huamanga, por el de Ayacucho.

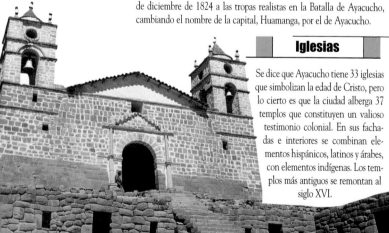

Iglesias

Se dice que Ayacucho tiene 33 iglesias que simbolizan la edad de Cristo, pero lo cierto es que la ciudad alberga 37 templos que constituyen un valioso testimonio colonial. En sus fachadas e interiores se combinan elementos hispánicos, latinos y árabes, con elementos indígenas. Los templos más antiguos se remontan al siglo XVI.

Catedral

Situada en la plaza de Armas, esta iglesia fue construida en el siglo XVII, durante el reinado de Felipe III, y se necesitaron más de tres décadas para finalizarla en 1669. En 1719 un fuerte seismo obligó a que buena parte de la catedral tuviese que ser reconstruida. Su arquitectura, de tres naves procesionales, es bastante sobria, lo que contrasta con la exquisitez de su interior, conformado por hermosos retablos en madera tallada y cubiertos con pan de oro, de estilo churrigueresco, y numerosos cuadros de gran valor artístico entre los que resaltan *La Adoración de los Pastores*, *La Adoración de los Reyes*, *La Matanza de los Inocentes* y *La Pesca Milagrosa*. Asimismo, destacan sus altares tallados en madera, dorados y enchapados en plata repujada.

Iglesia y convento de Santo Domingo

Su hermosa fachada es una de las más representativas de Ayacucho. El convento, fundado en 1548, conserva el pórtico original, mientras que el resto del complejo data del siglo XVIII. En el atrio, una cruz de piedra recuerda a las víctimas de una tempestad ocurrida en 1640. Como la de la iglesia de San Agustín, presenta "columnas de suplicio", asociadas por tradición al suplicio de los sentenciados por la Santa Inquisición. En el interior destaca el altar mayor, de estilo barroco y cubierto con pan de oro, donde aparece una hermosa escultura de la Virgen del Rosario y otras tallas valiosas, como las de San Juan Bautista y San Lucas. El púlpito dorado presenta tallas en forma de perlas y puntas de

Iglesia y monasterio de Santa Teresa

Ubicado en la plazoleta de Santa Teresa, este complejo arquitectónico fue fundado a finales del siglo XVII. Simetría y sobriedad caracterizan la fachada y en su interior presenta una sola nave construida en ladrillo, caso único entre las iglesias ayacuchanas. El altar mayor es de estilo churrigueresco y el enrejado plataresco del coro alto es un bello trabajo en madera, dorado, con incrustaciones de marfil y concheperla. En la iglesia y el monasterio se guarda una valiosa colección de arte entre tallas, esculturas y lienzos como El Triunfo del Cristiano y San Judas Tadeo.

Iglesia de la Compañía de Jesús

Este templo forma parte de un complejo arquitectónico compuesto por la Capilla de Loreto y el Convento de la Compañía. Su fachada es de estilo barroco y, como casi todas las Iglesias de Ayacucho, tiene una sola nave y planta de cruz latina. La iglesia fue fundada por los jesuitas en 1605 y resalta el altar mayor, de estilo churrigueresco. En el monograma de la Compañía se observa la presencia de un elefante, lo que avala la tesis de la existencia de influencia oriental en el arte andino.

diamante. Asimismo, la iglesia cuenta con una importante colección de lienzos, como *Santo Domingo*; *La Virgen, el Niño y Santa Isabel*; *El Señor de los Temblores* y *El Cristo de la columna*.

Iglesia de San Cristóbal

Se trata de una construcción pequeña y sencilla, pero muy venerada por los ayacuchanos por ser la primera que se erigió en la ciudad, en 1540, cerca del barrio de Santa Ana. Se afirma que allí se encuentran los restos de los soldados caídos durante la guerra civil española, pero no se han realizado excavaciones para comprobarlo. El valor de esta iglesia no reside tanto en su arquitectura como en su historia.

Iglesia de la Merced

La congregación de los mercedarios se estableció en Huamanga en 1541, construyendo una pequeña capilla que luego ampliarían edificando una iglesia y un convento. La portada lateral es una hermosa talla en piedra gris con imágenes en alto relieve y columnas de estilo compuesto donde se encuentra el escudo de la Orden de la Merced. La iglesia es de una sola nave y destaca el abovedado del sotocoro. El altar mayor, de estilo barroco, está compuesto por madera bañada en pan de oro donde resalta la Virgen de las Mercedes, que ostenta preciosas alhajas y lujosos vestidos. Se dice que en esta iglesia fueron enterrados los restos de la heroína ayacuchana María Parado de Bellido.

Iglesia y convento de San Francisco de Asís

El complejo fue fundado en 1552. Junto con la catedral, es la única iglesia de la ciudad que cuenta con tres naves. Su fachada es de estilo renacentista, siguiendo la tradición de la orden, pues su fundador, San Francisco de Asís, mostró especial admiración por este movimiento que promovía el culto a la vida y a la naturaleza. En el frontón aparece San Francisco, y en los vértices laterales las figuras de San Antonio de Padua y Santa Clara, labradas en piedra. Se distingue el altar mayor, considerado una obra de arte por sus tallas de arabescos, uvas y pámpanos, así como un bello púlpito de madera tallada. Al frente de la iglesia se encuentra el mercado central de Ayacucho. Este convento, como otros, fue suprimido en 1826 por un decreto emitido por Simón Bolívar, por lo que quedó abandonado hasta finales del siglo XIX, época en la que fue restaurado parcialmente.

Iglesia de Santa Ana

La portada es sencilla, con algunos elementos renacentistas. Presenta una sola nave, sin cúpula, con techos de teja en forma de bóveda, rosetones y una bóveda de crucero semicircular y elevada. El retablo del altar mayor es de estilo barroco combinado con plateresco y destacan, además, la mesa y el tabernáculo, repujados con planchas de plata. Antes de que la catedral actual fuera completada, Santa Ana fue el lugar donde se realizaban los actos litúrgicos más importantes.

Iglesia y convento de Santa Clara

El fundador de este convento, que fue construido en 1568, fue el acaudalado minero Antonio Oré, cuyas cinco hijas fueron monjas y vivieron allí. La austeridad del exterior del templo y del convento contrasta con los elaborados interiores, que evocan el arte religioso andaluz. El techo está cubierto por artesonados de estilo mudéjar. Destacan el púlpito y el altar mayor, con sus seis retablos, lienzos diversos y algunas esculturas como la de Jesús Nazareno, imagen venerada en Semana Santa.

Iglesia de San Francisco de Paula

La iglesia y el convento fueron fundados en 1513, pero el intendente O'Higgins ordenó suprimir el convento en 1804 al no haber religiosos. El interior es de una sola nave y tiene cuatro altares que ocupan unos nichos abiertos en los muros, que corresponden a las imágenes de Cristo Pobre, San Francisco de Paula, La Virgen del Carmen y El Calvario. El púlpito, para algunos especialistas el mejor logrado en Ayacucho, es de madera finamente tallada, en cuyos paneles pueden observarse santos y ángeles en relieve, además de las figuras de los cuatro evangelistas.

Iglesia de San Agustín

Los agustinos contaban, hacia 1598, con 19 conventos en Perú pero, al igual que los jesuitas, no llegaron a Huamanga hasta principios del siglo XVII. La iglesia es de estilo renacentista y se afirma que el altar mayor fue un hermoso retablo destruido por un incendio. En la actualidad está decorado con una imagen escultórica de San Agustín.

Casonas

En 1533, el cronista Pedro Cieza de León aludía en sus textos a las "valiosas mansiones de Huamanga", propiedad de españoles adinerados que extraían mercurio de las minas de Hancavelica y que se habían instalado en la ciudad de Ayacucho por su clima benigno, entre otras razones. Generalmente, las casonas eran construidas en forma de "L" o "E", distribución que crea un patio central o un segundo patio (o huerta) con corredores de arquería y bóvedas de piedra.

Casona Chacón

Data del siglo XVII y cuenta con dos amplios patios con suntuosas y sólidas arquerías de piedra. Perteneció al Canónigo Manuel Frías y fue ahí donde el poeta Abraham Valdelomar sufrió un accidente mortal el 1 de noviembre de 1919. En la actualidad, la casona pertenece al Banco de Crédito. En ella se encuentra el museo de Arte Popular Joaquín López Antay, en cuyas salas se exhiben obras de los grandes maestros ayacuchanos en artesanía y fotografías sobre la actividad artesanal en el país.

Casona de la Municipalidad

Posee una portada de piedra del siglo XVI, de estilo mudéjar, habiendo sido restaurada en diversas ocasiones. Perteneció al Marqués de Valdelirios.

Casona de la Prefectura

Es una de las más notables de la ciudad. Fue construida en 1740. Como el resto de las casas construidas alrededor de la plaza de Armas, tiene sus portales de arquería y una galería balcón en el se-

Casona Castilla y Zamora

Perteneció al obispo Cristóbal de Castilla y Zamora, fundador de la catedral y de la Universidad de San Cristóbal de Huamanga. Fue construida en 1677. Algunos especialistas sostienen que la vieja parra de uno de sus patios fue la primera que los españoles trajeron a Perú, y que ésta sirvió para plantar vides en otras regiones del país.

gundo piso. Allí estuvo como prisionera la heroína María Parado de Bellido, quien fue fusilada en 1822.

Casona Vivanco

Actual sede del museo Andrés Avelino Cáceres, es una mansión del siglo XVII, que cuenta con hermosas arquerías y un patio florido decorado con piedras de lago que forman diversas figuras. El lugar alberga una de las mejores esculturas en piedra de la época del virreinato, la del "Chejo Pacheco", y aunque ha sufrido cambios en el tratamiento de su fachada, conserva su estructura original en cuanto a distribución. Después de la Batalla de Ayacucho el Mariscal Sucre estableció aquí uno de sus cuarteles principales. En 1881, el presidente Nicolás de Piérola se alojó en esta casona para asistir a la Asamblea Nacional que se celebró en la iglesia de San Agustín.

Casona Jáuregui

Construida durante el virreinato, esta casona muestra una singular portada principal, única en su género por los elementos arquitectónicos que la componen. Así, las ménsulas que sostienen al balcón tienen formas de animales y coronan uno de los arcos un águila de dos cabezas.

Casona Olano

Posee bellas arquerías de piedra tallada con escudos nobiliarios en los capiteles de las columnas. El zaguán muestra murales con motivos mitológicos y florales que datan de la segunda mitad del siglo XVII y un hermoso artesonado de madera. Esta casona es una de las pocas que tiene arquerías tanto en la planta baja como en la segunda.

Palacio del Marqués de Mozobamba

Es la mansión más antigua de la ciudad y probablemente de América. Fue construida por albañiles indígenas que erigieron un sólido muro en piedra tallada al más puro estilo inca. Los muros interiores están adornados con animales sagrados (pumas y serpientes). Actualmente es la sede de la Escuela de Bellas Artes.

Universidad Nacional de San Cristóbal de Huamanga

Fue fundada en 1677 por el obispo Cristóbal de Castilla y Zamora, hijo del rey Felipe IV y hermano de Carlos II. Es la segunda universidad más antigua de América, después de la Universidad Nacional Mayor de San Marcos en Lima.

Barrio de Artesanos de Santa Ana

Este barrio ofrece una hermosa vista de la ciudad y la campiña vecina. La mayoría de artesanos ayacuchanos se congregan en este lugar, pero sobre todo tejedores y alfareros. Allí se encuentra también la iglesia de Santa Ana de los Indios, en cuyo interior destacan el altar en plata repujada y el púlpito barroco.

ALREDEDORES DE LA CIUDAD

Pikimachay

Se trata de una cueva ubicada a 20 minutos a pie del kilómetro 24 de la carretera Ayacucho-Huanta. En este lugar se han encontrado los vestigios pertenecientes a los hombres más antiguos de los Andes Centrales que datan entre el 10000 y el 15000 a.C.

Complejo Arqueológico de Wari

Situado 20 km al noreste de la ciudad, fue capital del imperio Wari. Destacan estructuras de piedra de tres pisos superpuestos, un acueducto, pasajes subterráneos y vestigios de un anfiteatro. Recientemente, se ha descubierto un importante conjunto de recintos subterráneos conectados por angostos corredores, bóvedas y dinteles compuestos por grandes bloques de piedras planas. Hasta el momento, en estos hallazgos destacan tres niveles que alcanzan 10 m de profundidad. En los alrededores de la ciudadela crecen los árboles "Pati", planta sagrada para los Wari. Según estudios químicos, este árbol tiene propiedades alcalinas, por lo que se cree que era usado para fines medicinales y sesiones mágico-religiosas.

Pueblo y Pampa de Quinua

El pueblo de Quinua se encuentra ubicado a 32 km. de Ayacucho, a 3.300 m sobre el nivel del mar y es uno de los más pintorescos de Ayacucho. Es habitado básicamente por alfareros y agricultores que ofrecen sus productos a los visitantes. En la plaza principal se encuentra el cuarto donde se firmó la capitulación de Ayacucho y a un kilómetro del

pueblo se extiende la Pampa de Quinua, considerada Santuario Histórico, por ser el lugar donde ocurrió la Batalla de Ayacucho.

Valle de Huanta

Conocida también como "La Esmeralda de los Andes", Huanta es una región de clima cálido y de gran belleza paisajística, que está ubicada a 51 km al norte de Ayacucho, camino a Huancayo. Los domingos se organiza una feria típica donde todavía se utiliza el trueque para realizar transacciones comerciales.

Reserva Nacional de Pampa Galeras

Ubicada en la provincia de Lucanas, al sur de Ayacucho y a 3.900 m sobre el nivel del mar, ésta es la reserva nacional de vicuñas en estado natural más grande del Perú. El auquénido, cotizado por su fino pelo y que ha sido blanco permanente de cazadores furtivos, está actualmente protegido por la Convención sobre Comercio Internacional de Especies Amenazadas de Flora y Fauna Silvestres y las comunidades campesinas de la zona.

Vilcashuamán

La creación de esta ciudadela fue ordenada por el inca Pachacutec, tras vencer a la confederación de pueblos y etnias regionales liderada por los Chanca. El lugar sirvió como centro de dominio incaico, administración política y enclave religioso. Ubicada a 120 km de la ciudad de Ayacucho, Vilacashuamán es una de las ciudadelas prehispánicas mejor conservadas en Perú y entre sus construcciones se encuentran las bases del templo del Sol y de la Luna, el Ushno o pirámide ceremonial, que se mantiene casi intacta, así como otros vestigios arqueológicos de interés.

La Libertad, cuna de la independencia

El departamento de la Libertad se encuentra en la zona norte del país y se extiende desde la costa hasta la ceja de selva. En la costa el clima es cálido y primaveral, con una temperatura promedio anual de 18°C. En la zona de la sierra se vuelve seco y templado durante el día y frío por las noches. La capital del departamento, Trujillo, es conocida como "la ciudad de la primavera" por su agradable clima.

Trujillo

A finales de 1534, con la llegada de los españoles al valle, se funda Trujillo, que recibe el título de ciudad en 1537. Llegó a ser una de las principales ciudades del virreinato al convertirse en una de las zonas más ricas del norte, tal y como atestiguan las bellas y señoriales casonas que aún mantiene. Trujillo fue la primera ciudad del norte de Perú que proclamó su independencia el 29 de diciembre de 1820.

La faja costera de La Libertad

fue escenario del desarrollo de diversas culturas en la época prehispánica, como la Cupisnique, con más de 3.000 años de antigüedad, y la precerámica de Dacha Prieta, con más de 5.000. La primera en extenderse más allá de su valle original, hacia el año 1200 d.C., fue la cultura Moche o Mochica. Predominantemente guerrera, fue constructora de innumerables templos y palacios como las Huacas del Sol y de la Luna o la Esmeralda. Posteriormente surgió la cultura Chimú, verdadero imperio cuya capital, Chan Chan –la más extensa de las ciudades prehispánicas– albergó en su apogeo a 100.000 habitantes y ofreció gran resis-

Plaza Mayor

De las plazas diseñadas por los conquistadores, está considerada como una de las más grandes del país. Fue escenario de la proclamación de la independencia de 1820, como atestigua el monumento de granito de mármol que se yergue en el centro, obra del escultor alemán Müller.

Iglesias

Catedral o Basílica Menor

Situada en la plaza de Armas, fue levantada en 1666. En 1759 quedó destruida y hasta 1781 no se procedió a su modificación. Es un amplio templo que posee valiosas pinturas de la escuela cuzqueña.

Monasterio del Carmen

Construido en 1759, es uno de los más bellos conjuntos arquitectónicos de la ciudad, y uno de los conventos más ricos del norte peruano. Alberga unos 150 lienzos, que en su mayoría son de los siglos XVII y XVIII, además de los frescos que decoran los muros interiores.

Casonas

Palacio Iturregui

Ubicado en la cuadra 6 del Jr. Pizarro, fue construido en el siglo XIX y es el mejor ejemplar de la arquitectura civil neoclásica. Actualmente es la sede del Club Central, primer centro social de Trujillo. Destacan sus columnas y los enrejados de las ventanas, así como las estatuas de mármol italiano.

Casa del mayorazgo

Ubicada entre los jirones Pizarro y Bolognesi, posee una valiosa colección numismática. Destaca su patio principal de grandes proporciones y su antiquísimo pozo de agua.

Casa Ganoza Chopitea

Esta es la casa más representativa de la ciudad por sus calidades arquitectónicas y decorativas. Presenta una secuencia completa que va desde el siglo XVII al presente, integrando armónicamente cada elemento. Su portada policromada es de estilo barroco y

tencia a la expansión del imperio incaico. Los restos arqueológicos de Chan Chan, seis kilómetros al noroeste de Trujillo, se hallan bastante bien conservados pese a que el material empleado en su construcción era el adobe.

¿SABÍAS QUE...?

La Compañía fue construida en el siglo XVII y formó parte del convento de los jesuitas. En sus patios interiores se aprecian hermosas arquerías.

va coronada con un frontón rococó y dos leones. Asimismo cuenta con murales mudéjares, una ventana imperio y un balcón neocolonial.

Casa del Mariscal de Orbegozo

Debe su nombre al ex presidente de Perú, último Conde de Olmos. A pesar de haber perdido su traspatio, aún mantiene su carácter de la típica casa virreinal, con sus suelos empedrados, puertas y salones dispuestos en un elevado terraplén. La colección de muebles, platería, lienzos y espejos son de gran interés artístico.

Museos

Museo Arqueológico de la Universidad de Trujillo

Ubicado en el Jr. Pizarro nº 349. Es uno de los museos mejor dotados del país. Tiene expresiones culturales de las diversas épocas prehispánicas del departamento.

Colección "José Cassinell"

Situada en el sótano del grifo del mismo nombre, cuenta con valiosas piezas de diferentes culturas, entre ellas de la cultura Recuay, que son únicas en su género.

Casa Bracamonte

También en la plaza Mayor, esta casa data de los siglos XVIII y XIX. Restaurada por el Banco Central Hipotecario de Perú, cuenta con hermosos patios de las épocas colonial y republicana. Destacan su gran portada de madera y sus típicas ventanas de hierro.

ALREDEDORES DE LA CIUDAD

Pirámide de la Luna

Frente a la del Sol, esta pirámide es mucho más pequeña, pero en lo alto de sus paredes de adobe quedan algunos murales cuyos contornos todavía se pueden apreciar. Su altura llega a los 21 metros.

El Dragón

Situado en el kilómetro 5 de la Panamericana Norte, el dragón está decorado con figuras antropomorfas y representaciones estilizadas semejantes a un ciempiés. En este lugar se ha abierto un museo de sitio donde se exhiben cerámicas y tallas.

Playas

Huanchaco: situada a 12 km de Trujillo, fue un antiguo puerto durante la época colonial. Actualmente es un balneario muy concurrido donde aún se pueden ver caballitos de totora, embarcaciones que los mochicas y chimús empleaban para la pesca.

Buenos Aires: a cuatro kilómetros de la ciudad.

Las Delicias: También alberga un balneario y está situado 15 km al sur de Trujillo. Cuenta con un importante puerto con modernas instalaciones para almacenaje y carga de azúcar y minerales.

Chan Chan (Mochica: Janj-Janj "Sol-Sol")

Ubicada en el valle de Moche, es la ciudad de barro más grande de la América prehispánica. Fue capital del reino del Gran Chimú; su extensión (20 km²) abarcó desde las proximidades del Puerto de Huanchaco hasta el Cerro Campana. Destacan diez grandes grupos, cada uno con el nombre de los arqueólogos que hicieron estudios en la zona. Las ruinas comprenden plazas, viviendas, depósitos, talleres, laberintos, murallas, excelentes caminos y templos piramidales. Sus enormes muros han sido profusamente decorados con relieves de figuras geométricas, estilizaciones zoomorfas y seres mitológicos.

Cuenta con un vasto sistema de acueductos subterráneos y acequias construidas para traer agua desde enormes distancias. Este hecho ha llevado a los expertos a pensar que la importancia de este lugar puede ser comparado con Teotihuacán, en México, o con las antiguas ciudades de Egipto, Mesopotamia y China.

Cajamarca, el encuentro de hispanos e incas

El departamento de Cajamarca, situado en la zona norandina, presenta zonas de sierra y selva y limita al norte con Ecuador. En la ciudad de Cajamarca y alrededores el clima es templado, seco y soleado durante el día, aunque enfría durante la noche. La temperatura media anual es de 13,8°C. La época de lluvias es de diciembre a marzo.

Cajamarca

Cuarto del Rescate

Se encuentra a media cuadra de la plaza de Armas, y tiene su historia. Tras haber sido hecho prisionero por los españoles, el inca Atahualpa ofreció a Pizarro un rescate a cambio de su libertad. Consistía en llenar una estancia con objetos de oro y otras dos con objetos de plata. El espacio a llenar era aproximadamente de 11,8 m de largo, 7,83 m de ancho por 3,1 m de alto. La propuesta no fue aceptada, y Atahualpa fue ejecutado en la plaza donde ahora se sitúa la piedra fundacional, de forma octogonal, que data del siglo XVII.
A la entrada del cuarto se pueden observar cuadros de dos famosos pintores locales: Camilo Blas y Andrés Cevallos.

En el valle se desarrolló la cultura Cajamarca, cuya antigüedad sobrepasa los 3.000 años. Alcanzó su mayor apogeo entre los años 500 y 1000 de nuestra era. Fue incorporado al Tawantinsuyo para ser después una de las más grandes ciudades del imperio inca y, más tarde, el escenario del primer encuentro de las dos grandes culturas: la incaica y la hispánica.

El inca Atahualpa se encontraba en esta ciudad cuando se produjo el encuentro con los españoles el 16 de noviembre de 1532, pero murió un año después. Tras este suceso, Cajamarca se convirtió en una ciudad española, y tuvo su mayor esplendor en el siglo XVII debido al auge de la minería. En 1855, gracias a la gesta de los cajamarquinos, se produjo la creación de este departamento. En la actualidad es uno de los centros más importantes de ganado lanar, vacuno y porcino del país.

Iglesias

Catedral

Ubicada en el perímetro de la plaza de Armas, fue construida en el siglo XVII y parte del XVIII. Su impresionante fachada integramente esculpida en roca volcánica es digna de resaltar, al igual que su altar mayor y el púlpito, tallados en madera y cubiertos en pan de oro.

¿SABÍAS QUE...?

Baños de Inca se denomina así en honor a Atahualpa, que se encontraba en él a la llegada de los españoles.

Iglesia de San Francisco

Ubicada en la plaza de Armas, fue construida en el siglo XVII, y en ella sobresalen su fachada de piedra labrada y sus bellos altares. Destacan igualmente las catacumbas y el museo de Arte Religioso. Al costado de esta iglesia se encuentra la capilla dedicada a la patrona de la ciudad, "La Virgen Dolorosa".

Conjunto monumental Belén

Situado a una manzana de la plaza de Armas, es un complejo compuesto de un templo esculpido íntegramente en piedra de cantería. Destaca el interior de la cúpula central. Anexo al templo se encuentra lo que fue el hospital de Varones, con su patio empedrado, y el hospital de Mujeres.

Colina Santa Apolonia

A esta colina, representativa de Cajamarca, se accede a través de una escalinata. Es un magnífico mirador natural desde donde se puede apreciar la belleza y armonía de la ciudad y el valle.

ALREDEDORES DE LA CIUDAD

Baños del Inca

Se trata de unas fuentes termales ubicadas a 6 km de la ciudad cuyas aguas medicinales se emplean desde la época pre-incaica. Existen dos conjuntos de manantiales importantes conocidos por los nombres de Perolitos y el Tragadero.

Ventanillas de Otuzco

Están situadas 7,5 km al noreste de la ciudad. Son criptas labradas en las rocas de la parte alta de los cerros, rodeados de hermosos paisajes.

Ventanillas de Combayo

Se trata de una impresionante necrópolis pre-inca localizada a 20 km de Cajamarca.

Cumbemayo

En este lugar, situado a 3.400 m sobre el nivel del mar y 20 km al oeste de la ciudad, se puede apreciar un conjunto de restos arqueológicos compuesto por:
- **El acueducto:** obra de ingeniería hidráulica pre-inca que consiste en un canal abierto en la roca con trazos, quebradas, ángulos rectos y combinaciones geométricas.
- **El santuario:** es un farallón en forma de cabeza humana en el que la parte de la boca ha sido cavada para formar una gruta y en su interior se encuentran petroglifos.
- **Frallones:** bosques de piedras de diferentes formas que de lejos parecen figuras humanas.

Lambayeque: casonas, pirámides y orfebrería

El departamento de Lambayeque está situado en la costa norte del país, a 77 km de Lima, y su capital es Chiclayo. El clima es cálido y agradable, con una temperatura promedio anual de 22°C.

Chiclayo

Conocida como "Ciudad de la Amistad" por la amabilidad de sus gentes, Chiclayo presenta una gran actividad comercial al ser el centro de comunicaciones del norte del país.

Nacida durante la época republicana, se encuentra a unos pocos kilómetros del mar y a 509 de la frontera con Ecuador, en medio de una región agrícola que fue sede de antiguas culturas prehispánicas. Éstas construyeron importantes adoratorios de los que quedan interesantes vestigios.

ALREDEDORES DE CHICLAYO

Lambayeque

En esta ciudad, situada a 12 km de Chiclayo, se produjo el primer pronunciamiento a favor de la independencia. En su perímetro urbano se encuentran casonas coloniales muy bien conservadas, como la casa cúneo o la casa Descalzi.

Mención aparte merece la casa de la Logia, con más de 400 años, ubicada en la intersección de las calles Dos de Mayo y San Martín. Es fa-

La leyenda de Naylamp

Se cuenta que en tiempos remotos llegó a estas costas el legendario Naylamp con una gran comitiva. Desembarcó cerca del río Faquisllanga, donde se estableció. Aquí construyó un templo denominado Chot en el que colocó un ídolo al que llamó Yampallec, término mochica del cual se deriva el nombre de Lambayeque.

mosa por su balcón primorosamente tallado, que es considerado el más extenso de Perú.

La iglesia de San Pedro, del siglo XVI, está considerada como Monumento Nacional. Merece la pena destacar la ciudad universitaria donde se encuentra la Universidad Nacional Pedro Ruiz Gallo.

Museo Arqueológico Nacional Bráning

Es el más importante en toda la zona norte del país. Su origen se remonta a la colección de objetos arqueológicos recolectados por el etnógrafo alemán Enrique Braning. En sus cuatro pisos de exhibición alberga una valiosa colección de objetos de oro, plata y cobre de las diversas culturas desarrolladas en la región desde hace 4.000 años, hasta la conquista española. Su sala de oro conserva una de las más importantes colecciones de orfebrería de América, incluyendo las piezas encontradas en la Tumba del Señor de Sipán.

Zaña

46 km al sureste de Chiclayo se encuentran los restos de la que fuera una opulenta ciudad colonial fundada en 1563. Se dice que fue invadida y saqueada por el pirata Edward Davis en 1686.

Actualmente, el templo es la Huaca Chotuna, situada en las inmediaciones del sitio conocido como Lambayeque Viejo, donde según relata la leyenda, Naylamp se enterró con el fin de que se siguiera creyendo en su existencia y en su poder divino. Su figura ha sido representada en tumis o cuchillos ceremoniales. Posteriormente se propagó la cultura Lambayeque, conocida por sus excelentes trabajos de orfebrería, especialmente las máscaras de oro.

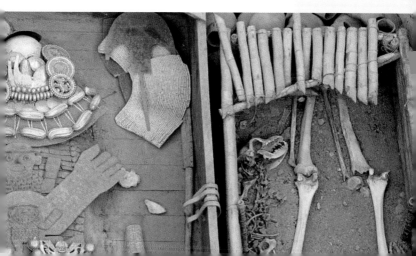

Playas

De Puerto Eten a
Pimentel hay 14 km
de hermosas playas
que ofrecen grandes
posibilidades para la
práctica de activida-
des recreativas y
deportivas como la
pesca y el surf.

Caleta de Santa Rosa
Pintoresco lugar por
las embarcaciones de
pesca y complemen-
tos marinos, como
redes. A esto se agre-
ga la presencia de las
canoas conocidas
como caballitos de
totora, que le impri-
men al paisaje un
sello característico.

Eten

Situada a 22 km de Chiclayo, es conocida por sus famosos tejidos de pa-
ja y toquilla. Esta ciudad es considerada como la tercera ciudad euca-
rística del mundo, por la aparición del Niño en la custodia del Templo
de Eten en 1649.

ZONAS ARQUEOLÓGICAS

Huaca Rajada

A 2 km del pueblo de Sipán se encuentra Huaca Rajada. Los monumentos arqueológicos que alberga comprenden dos colosales pirámides
de adobe ante las cuales se alza una plataforma que antiguamente ha-
bía constituido un mausoleo real. En este lugar se descubrieron en 1987
los restos intactos de un dignatario de la jerarquía mochica, en un sar-
cófago de madera: **El Señor de Sipán.**
En su atuendo funerario se observan numerosas y finas piezas de oro y plata adornadas con piedras semipreciosas (turquesas, lapislázuli, etc.), con-
chas y spondylous del norte de Ecuador. Las piezas más llamativas son tres
pares de orejeras y un collar de 20 maníes (10 de oro o 10 de plata).
En la mano derecha portaba un cetro con vistoso un remate en oro en
forma piramidal invertida.

Túcume

Esta extensión de 220 ha se encuentra 33 km al norte de Chiclayo. El complejo está formado por 26 pirámides de adobe. La más grande mide 400 m de largo por 100 de ancho y 33 de altura.

La leyenda cuenta que el rey Naylamp y la reina Cetermi vinieron a Lambayeque por mar, trayendo la civilización y el arte de construir pirámides. Naylamp nunca murió; no lo hizo ninguno de su dinastía durante muchas generaciones. Se supone que los reyes se enterraban vivos en estos grandes túmulos para mantener la leyenda de su inmortalidad, de modo que cada uno construía su huaca, no con fines funerarios, sino de dominio.

La más antigua se remonta al año 700 d.C. y, según la leyenda, su fundador fue Collac, descendiente de Naylamp. Destacan en sus inmediaciones las Huacas "Del Pueblo", "La Raya", "El Sol", "Las Estacas", etc.

Batangrande

Situado 57 km al suroeste de Chiclayo, este complejo arqueológico ocupa aproximadamente unos 55 km Está conformado por 20 estructuras pre-incaicas como "Las Ventanas", de donde se extrajo el "Tumi de Oro" (de tres kilos, correspondiente a la cultura Sicán), "La Mayanga", "Lucía", "La Merced", "Cholope", "Rodillona", etc. En este lugar se desarrolló la cutura Sicán (Casa de la Luna).

Bosque de Poma

Este bosque espinoso subtropical con más de 100 km² se encuentran conformado por una comunidad de algarrobos, guarangos, zapote, bichayo y flora ribereña, sirviendo de hábitat a especies como el oso hormiguero, ardilla, iguana, boa macanche, zorrino, hurón, puma, etc. Y una excepcional variedad de aves que hacen del bosque una zona privilegiada.

Loreto, hija del comercio del hábitat

Loreto es el departamento más extenso de Perú y está situado en la región nororiental. El clima es tropical, cálido y húmedo y la temperatura promedio ronda los 28°C. Estuvo habitado por diversas tribus y grupos culturales nómadas con distintas lenguas y costumbres que, al encontrarse en un mismo hábitat, desarrollaron medios de vida similares basados en la caza y la pesca.

Iquitos

Iquitos es la capital del departamento de Loreto. Esta ciudad fue fundada en 1757 con San Pablo de los Napeanos y se convirtió en el primer puerto fluvial sobre el río Amazonas. Su origen parte de la fundación, por parte del jesuita José Bahamonde, de los caseríos Santa Bárbara de Nanay y Santa María de Iquitos en el río Mazán. Posteriormente sus habitantes se fueron uniendo al emigrar a la parte de Santa Clotilde, junto al río Nanay, y se establecieron con el nombre de Santa Bárbara. Con el tiempo se fueron trasladando a la planicie de altas riberas en el Amazonas, Nanay e Itaya.

¿SABÍAS QUE...?

Los primeros asentamientos occidentales en la zona vinieron impuestos por los misioneros, que penetraron en los lugares más escondidos de los bosques. Fundaron pueblos como Borja Yebreros y La Laguna. Siglos más tarde, el comercio entre Perú y Brasil hizo prosperar la zona, pero es a partir de 1880 cuando se inicia realmente el progreso de Iquitos, gracias a la explotación del caucho. Testigos de este esplendor económico son los edificios que aún se pueden contemplar en la ciudad.

Hoy en día se conservan importantes reservas petroleras (la explotación comenzó en 1938) y proyectos de utilización del recurso forestal. En la actualidad son varios los grupos de nativos que habitan en la selva, muchos de los cuales están en contacto permanente con la civilización. Estos grupos se encuentran en los márgenes de los ríos Amazonas, Napo, Ucayali, Marañón y Nanay.

Plaza de Armas

Se trata de una hermosa plaza con importantes edificaciones, como el palacio Municipal y la iglesia Matriz. Entre ellas se encuentra la **casa de Hierro** cuyos soportes vinieron de París en 1897. Se dice que fue diseñada por el arquitecto francés Eiffel.

Hotel Palace

El hotel se alza sobre un edificio construido con hierro forjado y azulejos arabescos al estilo morisco. En su construcción se tardaron 104 años.

Malecón Tarapacá

En el límite de la ciudad con el río Amazonas se construyó este malecón en la época del auge del caucho. Desde este lugar se contempla una interesante panorámica del Amazonas.

Puerto de Belén

Situado a orillas de los ríos Amazonas e Itaya, es un importante centro de abastecimiento, con gran movimiento de embarcaciones. Las casas que conforman el barrio de Belén están edificadas con materiales rústicos. Sus bases descansan sobre pilotes para preservarlas en la creciente del río en época de lluvia.

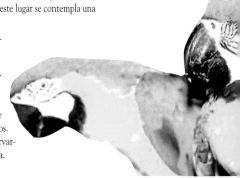

ALREDEDORES DE LA CIUDAD

Complejo turístico de Quistococha

Este parque turístico nacional cuenta con 369 ha y está ubicado alrededor de la laguna de Quistococha, 13,5 km al sur de Iquitos. La laguna tiene una superficie de 1 km^2 y 8 m de profundidad, es de aguas tranquilas y está rodeada de vegetación autóctona. En el parque se encuentran una serie de instalaciones como el museo, acuario, serpentario, pequeños zoológicos, colección de aves cautivas, trochas alrededor del lago, además del pequeño embarcadero en donde es posible alquilar botes para pasear por el lago. Entre los servicios dedicados al visitante dispone de un restaurante, parque infantil, canchas deportivas y una playa artificial denominada Tunchi Playa.

Bellavista Nanay

A 3,5 km de Iquitos y a orillas del río Nanay se encuentra este embarcadero donde se pueden alquilar botes para recorrer el río.

Zungarococha

Se trata de un lago situado en la margen derecha del río Nanay,

Santo Tomás

Es un poblado a orillas del lago Mapacocha, a 16 km de Iquitos. No sólo se puede disfrutar del paisaje, sino también de la vida cotidiana de los habitantes del lugar, que se dedican a la pesca y elaboración de artesanía de arcilla.

aguas arriba. No sólo se puede apreciar un hermoso paisaje, sino también tomar baños y pasear en canoa.

ATRACTIVOS NATURALES DE LA REGIÓN

Zona Reserva Nacional de Pacaya Samiria

Está situada en el área de confluencia de los ríos Marañón y Ucayali y cuenta con una extensión total de 2.080.000 ha Es la zona de reserva más grande del país. Regada por los ríos Samiria y Pacaya, acoge una fauna y flora variada y abundante.

Lago Rimachi

La provincia de Alto Amazonas alberga este lago que surge en la cuenca del río Pastaza, un afluente del río Marañón. Tiene un perímetro de 75 km y 10 m de profundidad, y es considerado el mayor lago de la amazonía peruana. Presenta numerosas islas que permiten una óptima navegación.

Antes de viajar

Pasaporte y visado

Los turistas españoles no necesitan visado para entrar en Perú; basta con tener el pasaporte en vigor. Si ingresan por motivos turísticos, el plazo de permanencia es de 90 días, prorrogables por la autoridad migratoria. Sí se exige visado en caso de viaje de estudios o negocios.

Ingreso al país

Debe entregar a la autoridad migratoria la "tarjeta de embarque y desembarque" (proporcionada al visitante en el avión o en el puesto migratorio de la zona de la frontera por donde ingrese). La tarjeta debe ser entregada a su salida del país. Consérvela, pues en caso contrario tendrá que pagar una multa.

Respecto a los los bienes sujetos al pago de impuestos, están exentos los artículos y ropa de uso personal, portátiles y elementos para la realización de deportes de aventura. Sin embargo, deberá declarar especies vegetales o animales.

Vacunas y salud

Es recomendable vacunarse contra la fiebre amarilla, especialmente si desea viajar a la selva. Igualmente se recomienda estar vacunado contra la fiebre tifoidea, el tétanos, la polio, y la hepatitis A y B.

El mal de altura (soroche) se puede evitar descansando el primer día de su llegada a la sierra y consumiendo comidas ligeras. Se recomienda beber "mate de coca".

Si viaja a la selva, lleve impermeable y repelente contra insectos. Si viaja a la costa, no se olvide de esto último.

Moneda

La moneda oficial de Perú es el nuevo sol. El dólar americano es aceptado en la mayoría de los establecimientos comerciales, restaurantes y estaciones de servicio al tipo de cambio del día.

Tarjetas de crédito

En las grandes ciudades la mayoría de establecimientos acepta las tarjetas de crédito más conocidas: Visa, Master Card, American Express y Diners. El uso de cheques de viajes tiene limitaciones, por lo que se recomienda consultar su aceptación en el establecimiento. Al realizar un pago con tarjeta de crédito, cerciórese de pagar sólo el importe del servicio o bien adquirido. Es importante tener monedas y billetes de pequeña denominación para facilitar sus transacciones, especialmente si toma servicios de taxi o efectúa compras en pequeños comercios.

Viajar a Perú

Iberia ofrece un vuelo diario entre Madrid y Perú que parte de la capital española al mediodía (12:40h, hora española) y aterriza en Lima doce horas más tarde, (a las 18:45h hora peruana). Los lunes, esta compañía ofrece otro vuelo adicional con salida a la 1:40h y llegada a las 7:45h.

Además, Air Madrid opera tres vuelos semanales a Lima desde la capital de España, y Air Plus Comet cuatro desde Madrid y Barcelona.

Viajar en Perú

Avión

Desde Lima existen conexiones a las principales ciudades del país, excepto a Huancayo, Ica y Huaraz, adonde podrá viajar por vía terrestre en un autobús interprovincial. Las compañías locales son Lan Perú y AeroContinente. No suelen existir problemas con las reservas, aunque los retrasos son algo más frecuente.

Tierra

Aunque las carreteras han mejorado en los últimos años, hay que tener en cuenta que las condiciones en que se pueden utilizar varían de una estación a otra. Así,

entre diciembre y abril puede resultar complicado desplazarse por la sierra y la selva, comunicadas por pistas de tierra.
En cuanto a autocares interprovinciales, existen todo tipo de rutas y frecuencias. Infórmese sobre las comodidades que se obtienen de acuerdo a la tarifa pagada y si el servicio es directo o realiza paradas en el camino.

Taxis

Es recomendable utilizar empresas de taxi (se solicitan por teléfono) o aquellos autorizados por los municipios (en Lima están pintados de amarillo y tienen un casquete luminoso en el techo).
En Perú no se utilizan taxímetros, por ello, deberá negociar el precio antes de subir al taxi. No se acostumbra dejar propina a los taxistas. En los aeropuertos, es muy recomendable contratar los servicios de taxis autorizados por Corpac (autoridad aeroportuaria). Los buses urbanos (la opción más barata) tienen colores y números establecidos de acuerdo a la ruta. La mayoría realiza largos recorri-

Viajar en Perú

dos y pueden resultar incómodos. No los utilice muy entrada la noche.

Alquiler de coches

Debe llevar siempre encima la licencia de conducir, copia del pasaporte y el contrato de alquiler del vehículo. La licencia de conducir internacional tiene validez por un año, sin embargo, la licencia de conducir del propio país de origen es válida por 30 días. Si un oficial indica que se detenga, hágalo. Éste deberá estar uniformado y llevar su identificación (su apellido en una placa a la altura del pecho). No puede entrar en el vehículo. Sus documentos y los del vehículo no pueden ser retenidos bajo ninguna circunstancia de dinero.

Tren

El servicio turístico ferroviario cubre las tres rutas: Lima-Huancayo, Arequipa-Puno-Cuzco, y Cuzco-Ollantaytambo-Machu Picchu.

Vivir en Perú

Clima

Árido y cálido en la costa, de templado a frío en la sierra y tropical y húmedo en la selva. En la costa, los meses de verano van de fines de diciembre a marzo. Los meses de lluvia en la sierra se prolongan de septiembre a mayo.

Idioma

Las lenguas oficiales son el español, el quechua y el aymara, que coexisten con más de 50 lenguas autóctonas.

Raza

Casi la mitad de la población es de origen indígena. Más de un tercio es mestiza y apenas el 15% es de raza blanca.

Religión

El 90% de la población es católica, aunque existe una minoría compuesta por protestantes.

Agua

Beba sólo agua embotellada o previamente hervida. Sea cuidadoso con las verduras crudas y las frutas y evite comer en puestos de comida de la calle.

Electricidad

El sistema eléctrico es de 220 voltios. La mayoría de hoteles de cuatro y cinco estrellas ofrecen energía eléctrica de 110 voltios.

Vivir en Perú

Es recomendable cambiar dinero en los hoteles, bancos y casas de cambio autorizadas (el horario de atención para los dos últimos suele ser de 9:00 h de la mañana a las 18:00 h de la tarde de lunes a viernes y los sábados hasta las 12:00 h del mediodía para los bancos). El tipo de cambio respecto al dólar es variable (consulte antes de cambiar su dinero) y no es el mismo en hoteles, bancos y casas de cambio. Para cambio de otras divisas consulte en casas de cambio.

Al pagar en un restaurante (especialmente si es de cierto nivel), compruebe en la factura si le han cargado ya un porcentaje de propina, generalmente entre el 5% y el 10%. En todo caso, siempre podrá aumentar la propina si considera que el servicio recibido ha sido bueno. En los restaurantes que no la detallen en la cuenta se aconseja dejar un 10%.

En los hoteles de categoría es costumbre entregar medio dólar por maleta. En los taxis, en cambio, suele pagarse la tarifa estrictamente, sin añadidos.

Teléfonos públicos

Se pueden realizar llamadas internacionales y al interior desde teléfonos públicos. Los códigos de países y ciudades figuran en la mayoría de las cabinas. Para realizar llamadas internacionales marque: 00+ código del país+código de la ciudad+número de teléfono. Para llamar entre ciudades 0+código de la ciudad+número de teléfono. Los teléfonos públicos aceptan monedas y tarjetas que se venden en quioscos y supermercados.

Compras

En general, las tiendas, centros comerciales y los mercados de artesanía abren todos los días entre las 10:00 h y las 11:00 h de la mañana y cierran a las 20:00 h. El regateo es una práctica común. Si desea adquirir una réplica de cerámica prehispánica, compruebe que en la base de la pieza se encuentra en bajo relieve la palabra "réplica" seguida de la especificación de la cultura a la que corresponde.

Atención al viajero

Perú ha puesto en marcha recientemente i-perú, un nuevo servicio de atención al que el turista se puede dirigir en busca de información y asistencia si encuentra algún problema en el viaje contratado. Cuenta con oficinas en Lima, Cuzco, Arequipa, Iquitos, Trujillo, Puno y Ayacucho.

Cambio

Propinas

Agencias de viajrs

Las agencias pueden facilitar su viaje a través de Perú.

Vivir en Perú

Compare sus servicios y asegúrese que éstos se encuentren especificados en un documento que la empresa debe proporcionarle (comúnmente se denomina "voucher" o "cupón de servicios"). Exija un comprobante de pago. No contrate los servicios de personas que circulan por las inmediaciones de los aeropuertos y las plazas principales, ya que usualmente representan a empresas no autorizadas y pueden prestar un servicio que no cumpla sus expectativas.

Vida nocturna

La mayoría de las ciudades del país tienen una variada vida nocturna, puede obtener información sobre lugares interesantes en donde esté alojado. Si desea disfrutar de música típica peruana puede ir a las "peñas".

En Lima, las discotecas, pubs y nigth clubs más concurridos se encuentran en los distritos de Miraflores, San Isidro y Barranco. En otras ciudades, se hallan por lo general en el centro de la ciudad (plaza principal y alrededores).

Días Festivos

Al tratarse de país de mayoría católica, Perú celebra la Semana Santa, la Navidad y los días de los santos.

Así, el 30 de agosto se celebra Santa Rosa de Lima, patrona de la capital.

El Día de la Independencia es el 28 de julio y el Inti Raimi, la principal festividad inca, tiene lugar el 24 de junio en la fortaleza de Sacsayhuamán, en Cuzco.

Seguridad

Aunque la seguridad ha mejorado ostensiblemente en los últimos años, es necesario tomar precauciones contra el robo, especialmente en los cascos antiguos de las grandes ciudades. Se recomienda llevar fotocopias y guardar la documentación en la caja fuerte del hotel.

Horario

Existen seis horas de diferencia entre Perú y el territorio peninsular español. Cuando en Lima es mediodía, en Madrid son las seis de la tarde.

Pesos

Se emplea el sistema métrico decimal.

Direcciones de interés

Embajada de España en Lima
Av. Jorge Basadre, 498 (San Isidro). Lima, 27.
Tel.: 212 51 55.
Fax.: 212 19 09 y 440 20 20.
embesppe@correo.mae.es

Promperú
Edificio Mitinci, piso 13
C/ Uno Oeste,
Urbanización
Córpac Lima 27
Información al turista:
2249355
postmaster@promperu.gob.pe

Servicio de Protección al Turista
C/ de la Prosa, 138 – Lima 41
Tel.: 2247888
tour@indecopi.gob.pe

Aeropuerto Internacional Jorge Chávez
Avda. Faucett, s/n – Callao 1
Tel.: 5745529 (vuelos nacionales) y 5751712 (vuelos internacionales)

Emergencia

Policía Nacional del Perú:
105
Alerta Médica: 225 4040
Cruz Roja:
265 8783
Bomberos:
116
Protección al Turista:
225 7888
Policía de Turismo:
476 9896

Alojamientos

Lima

SHERATON LIMA ***
Paseo de la República, 170
Tel.: 315 50 00
Edificio de 431 habitaciones a un paso del centro histórico de Lima.

HOTEL MELIÁ LIMA ***
Av. Salaverry, 2599
Tel.: 411 90 00
Situado en el distrito de San Isidro, cuenta con 188 habitaciones. Presume de ser el hotel de cinco estrellas más cercano al aeropuerto.

BEST WESTERN CONQUISTADO RES HOTEL & SUITE **
Lizardo Alzamora, 260
Tel.: 421 77 90
Pequeño hotel de cuatro estrellas con 36 habitaciones en el distrito de San Isidro.

HOTEL LIBERTADOR **
Los Eucaliptos, 550
Tel.: 421 66 66
San Isidro, 53 habitaciones, Con el restaurante La Baranda, situado en el último piso.

SOFITEL ROYAL PARK HOTEL & SUITES ***
Av. Camino Real, 1050
Tel.: 215 16 16
Establecimiento con 81 suites en el distrito de San Isidro.

HOTEL LA HACIENDA **
Av. 28 de Julio, 511
Tel.: 213 10 00
Miraflores, 60 habitaciones.

JW MARRIOTT HOTEL AND STELLARIS CASINO ***
Av. Malecón de la Reserva, 615
Tel.: 217 70 00
Una apuesta por el lujo en Miraflores, con 300 habitaciones.

MIRAFLORES PARK HOTEL ***
Av. Malecón de La Reserva, 1035
Tel.: 610 40 00
Hotel de estilo europeo situado frente al parque de Salazar, cerca del moderno centro comercial Larcomar y con vistas al Pacífico.

Cuzco

HOTEL NOVOTEL CUSCO **
San Agustín, 239
Tel.: 22 82 82
Hotel con 99 habitaciones, 16 de ellas decoradas en estilo colonial, ubicado en una antigua casona del siglo XVI.

HOTEL PICOAGA **
Santa Teresa 344
Tel.: 22 12 69
Las 70 habitaciones de este céntrico hotel, antigua mansión del Marqués de Picoaga, se distribu-

yen entre las dos áreas de que consta: por un lado, la parte moderna; en el otro, la casona colonial.

HOTEL MONASTERIO ***
Palacio, 136 (Plazoleta Nazarenas)
Tel.: 24 17 77
Como señala su nombre, el hotel está construido en lo que originalmente fue un monasterio (del siglo XVII). Ahora es el lujo el que se ha instalado en sus dependencias, en sus 122 habitaciones.

HOTEL LIBERTADOR ***
Plazoleta Santo Domingo, 259
Tel.: 23 19 61
La que fue "Casa de los Cuatro Bustos", en la que residió Pizarro, es actualmente un hotel de 254 habitaciones en el centro histórico de la ciudad de Cuzco.

HOTEL JOSÉ ANTONIO CUSCO ****

Av. Pardo, 1080
Tel.: 23 90 30
Hotel de construcción reciente perteneciente a la cadena José Antonio. Se trata de un edificio moderno con algunas notas de decoración típicamente colonial.

Arequipa

LIBERTADOR SUMMIT HOTEL *****

Plaza Bolivar s/n
Tel.: 25 51 10
Situado en el parque de Selva Alegre, con vistas al volcán Misti, este hotel de estilo colonial cuenta con amplias 88 habitaciones.

POSADA DEL INCA AREQUIPA ****

Portal de Flores, 116
Tel.: 21 55 30
58 habitaciones

frente a la Plaza de Armas y a la Catedral de Arequipa.

CASA ANDINA ***

Jerusalén, 601
Tel.: 24 44 41
Bed & breakfast con 86 habitaciones.

Trujillo

LOS CONQUISTADORES HOTEL ***

Diego de Almagro, 586
Tel.: 20 33 50
Cuenta con 50 habitaciones, algunas de ellas con jacuzzi.

HOTEL LIBERTADOR ****

Independencia, 485
(Plaza de Armas)
Tel.: 23 27 41
Hotel con 78 habitaciones y una gran localización en un punto que en su día permaneció tras las murallas de la ciudad.

HOTEL GRAN MARQUÉS ****

Díaz de Cienfuegos, 145 - 147
(Urbanización La Merced)
Tel.: 24 91 61
50 habitaciones.

Puno

HOTEL LIBERTADOR *****

Isla Esteves s/n
Tel.: 36 77 80
Este hotel ofrece 123 habitaciones, situado cerca del centro de Puno, se halla ubicado en Isla Esteves, a orillas del "Titicaca". Las 123 habitaciones cuentan con bellas vistas.

GRAN HOSTAL PUNO ***

Arequipa, 130
Tel.: 35 11 10
17 habitaciones.

Chiclayo

INCA HOTEL

Av. Luis Gonzáles, 622
Tel.: 22 76 51
Céntrico. 65 habitaciones.

GRAN HOTEL CHICLAYO

Av. Federico Villarreal, 115
Tel.: 23 49 11
129 habitaciones.

Restaurantes

Lima

LA CARRETA
*Av. Rivera
Navarrete, 740*
Tel.: 442 26 90
Al estilo de una
casa-hacienda de la
costa, este restaurante ofrece una
carta repleta de
carne y parrilladas,
además de chorizos
y morcillas. Los
lechones son de
crianza propia.

**BRUJAS DE
CACHICHE**
Av. Bolognesi, 460
Tel.: 447 18 83
Comida típica de
Perú reinterpretada
y avalada por cinco
tenedores. Es uno
de los más caros de
Lima, pero los platos no desentonan
con sus precios.

IL POSTINO
Colina 401
Tel.: 446 83 81
Evidentemente, se
trata de un restaurante italiano; fundado por un florentino, para más
señas, y tiene el
típico aspecto toscano. Desde 1996
sirve todo tipo de
comida italiana:
pasta, pizza, carnes,
pescados, etc.

FRANCESCO
*Malecón de la
Marina, 526*
Tel.: 442 82 55
En Francesco lo
típico no son los
espaguetis, sino los
platos típicos de la
costa peruana.

LA MAREA
*Av. Santa
Catalina, 006*
Tel.: 470 93 28
Comida marina
en una estancia de
amplísima capacidad. Una buena
oportunidad para
disfrutar del ceviche, aunque cierra a
las seis de la tarde.

**SEÑORÍO DE
SULCO**
*Malecón
Cisneros, 1470*
Tel.: 441 01 83
Uno de los restaurantes más conocidos de la capital.
Por los platos de su
buffet y por sus vistas al mar.

Cuzco

PUCARÁ
Plateros, 309
Tel.: 22 20 27
El sabor de la cocina peruana a través, por ejemplo,
de sus sopas y
ensaladas.

EL TORITO
*Av. Micaela
Bastidas, 821*
Tel.: 24 17 50
Cocina criolla.

EL ARRIERO
Portal Harinas 195
Tel.: 25 25 33
Churrasquería que,
además de sus especialidades a la
parrilla, ofrece en
ocasiones espectáculos folklóricos de
la tierra.

EL TRUCO
Plaza Regocijo, 261
Tel.: 23 52 95
Célebre por su pescado, especialmente por la trucha.

**QUINTA
ZÁRATE**
Tothora Pakcha, 763
Tel.: 24 51 14
Muchos lo eligen
por sus vistas.
Otros, simplemente, por la comida:
cuy al horno, trucha, lechón etc

EL CORSARIO
Procuradores, 344
Cocina internacional. Muchos de quienes reservan mesa lo hacen para disfrutar de sus pastas.

INKA GRILL
Portal de Panes, 115
Tel.: 22 69 89
Comida típica aderezada con un show folklórico, típico también. Local idóneo,

por tanto, para turistas.

Trujillo

CHAVIN TURISTICO
Chavín de Huántar
Tel.: 75 40 29

COCO CHICK
Av. Víctor Larco Herrera, 860
Tel.: 28 73 95

CUMBAZA
Alfonso Ugarte, 414
Tel.: 29 05 63

EL CHANGARRITO DE LUPITA
La Merced s/n, 23
Tel.: 28 50 51

Puno

EL RANCHO
Oquendo, 202
Tel.: 35 10 02

LA GRANJA
Bolívar, 128
Tel.: 32 99 92

Cajamarca

POSADA DEL PURUAY
Carretera Porcón s/s, km. 4.5
Tel.: 827928

EL ZARCO
Batán, 170
Tel.: 82 34 21

LOS TULLPAS
Amalia Puga, 946
Tel.: 82 35 16

MARAKO'S
Av. Elvira García y García, 490
Tel.: 23 28 04

Arequipa

BÓVEDA SAN AGUSTÍN
Portal San Agustín, 127 - 129
Tel.: 24 35 96

MARCO ANTONIO
Comercio, 258
Tel.: 53 42 58

LA QUINTA JERUSALÉN

Jerusalén, 522
Tel.: 20 09 64

LA CANTARILLA
Tahuaycani, 106-108
Tel.: 25 15 15

LA POSADA DEL PUENTE
Av. Bolognesi, 101
Tel.: 25 31 32

CHICKEN PALACE
Álvarez Thomas (esquina Palacio Viejo)
Tel.: 20 16 20

Chiclayo

LA PARRILLADA DE CHICHO
Manuel María Izaga, 774
Tel.: 23 47 18

PARRILLADA CANDAMO
Av. Balta, 027
Tel.: 20 92 06

PICANTERÍA EL SAPO
América, 646
Tel.: 25 34 84

Índice alfabético